内蒙古自治区社会科学基金后期资助项目

生业经济

红山文化考古发现与研究一百年丛书

常经宇／著

内蒙古人民出版社

图书在版编目（CIP）数据

生业经济／常经宇著． -- 呼和浩特：内蒙古人民出版社，
2024.9

（红山文化考古发现与研究一百年丛书）

ISBN 978-7-204-17077-7

Ⅰ．①生… Ⅱ．①常… Ⅲ．①红山文化－研究
Ⅳ．① K871.134

中国版本图书馆 CIP 数据核字（2022）第 001709 号

生业经济

本册作者	常经宇
策划编辑	王　静
责任编辑	郭婧赟
封面设计	刘那日苏
出版发行	内蒙古人民出版社
地　　址	呼和浩特市新城区中山东路 8 号波士名人国际 B 座 5 楼
网　　址	http：//www.impph.cn
印　　刷	内蒙古恩科赛美好印刷有限公司
开　　本	710mm×1000mm　1/16
印　　张	8.75
字　　数	96 千
版　　次	2024 年 9 月第 1 版
印　　次	2024 年 9 月第 1 次印刷
书　　号	ISBN 978-7-204-17077-7
定　　价	30.00 元

如发现印装质量问题，请与我社联系。

联系电话：（0471）3946120

丛书编委会

主　　编：孙永刚

副 主 编：马海玉

编　　委：李明华　任君宇　乌　兰

　　　　　刘江涛　刘　颖　常经宇

　　　　　林　杨　周午昱　张　颖

　　　　　李丹阳

总　序

　　2021 年是红山文化发现 100 周年，也是中国现代考古学诞生 100 周年。1921 年 6 月，瑞典地质学家安特生等赴奉天省锦西县（今辽宁省葫芦岛市）一带勘查煤矿时，发现了位于辽西地区的沙锅屯遗址。他们对该遗址进行了发掘和测绘，意识到这可能是一处新石器时代遗址。遗址出土的贝环和红地黑彩的彩陶片与河南仰韶村出土的遗物颇为相似。后来的考古发现和研究表明，沙锅屯遗址发掘的新石器时代遗存至少属于两种考古学文化，即红山文化和小河沿文化。沙锅屯遗址被认为是中国近代田野考古史上第一次正式发掘的遗址，它的发掘在中国考古史上具有重要意义，为研究红山文化和中华文明起源提供了宝贵的学术资料。

　　自沙锅屯遗址发掘以来，红山文化研究已经走过了 100 年的历程。在这 100 年中，无数考古学者为红山文化研究呕心沥血，取得了丰硕的成果。1906—1908 年，日本人鸟居龙藏多次深入内蒙古东南部和热河地区（包括今河北省、辽宁省、内蒙古自治区部分地区）进行考察，对赤峰英金河畔的几处新石器时代文化遗址进行了调查，并于 1914 年发表了《东蒙的原始居民》一文，首次向学术界揭示了西拉木伦河流域史前文化遗存的存在。1930 年，我国著名考古学家梁思永在完成黑龙江昂昂溪遗址的发掘后，对英金河两岸和红山后进行了考古调查，并撰写了考古报告《热河查不干庙林西双井赤峰等处所采集之新石器时代石器与陶片》。1935 年 5 月，日本东亚考古学会滨田耕作、水野清一等人对赤峰红山后的第一、第二住地址进行了发掘，并于 1938 年出版了发掘报告《赤峰红山后》，提出了"赤峰第一期文化"和"赤峰第二期文化"的概念，向世界宣布了赤峰红山后新石器时代人类遗存的重要发现。20 世纪 40 年代，裴文中先生提出，红山后是北方草原细石器文化与中原仰韶文化在长城地带接触而形成的"混合文化"。1954 年，中国著名考古学家尹达在编写《中国新石器时代》一书时，根据梁思永先生的意见，对这一文化进行了专门论述，并正式将其命名为"红山文化"。1956 年，裴文中先生和吕遵谔先生带领学生对红山文化遗存进行了调查和试掘，获得了大量重要的实物标本，并对《赤峰红山后》中的一些错误结论进行了更正。20 世纪 80 年代以后，红山文化研究取得了突破性进展，苏秉琦、杨虎、刘观民、张忠培、严文明等考古学家对红山文化研究给予了高度重视。内蒙古文物考古研究所、中国社会科学院考古研究所内蒙古工作队、吉林大学考古学系、赤峰学院等机构在内蒙古和辽宁地区开展了一系列红山文化考古发掘和研究工作，推动了红山文化研究的国际交流与合作，使红山文化研究走向了世界。

近 30 年来，赤峰学院在红山文化研究领域取得了显著成就。一是成功举办了 3 次国际学术研讨会和 12 次高峰论坛，有效提升了红山文化的国内外影响力。具体而言，1993 年、1998 年和 2004 年，在赤峰市举办了 3 届中国北方古代文化国际学术研讨会。2006—2017 年，连续 12 年举办红山文化高峰论坛。二是出版了 10 部会议论文集，包括 3 部《中国北方古代文化国际学术研讨会论文集》、2 部《红山文化高峰论坛专辑》和 5 部《红山文化高峰论坛论文集》。三是创办《红山文化研究》专辑，至今已连续出版 8 部。四是出版了多部专著、译著，包括《红山文化与辽河文明》《西辽河流域早期青铜文明》《古代西辽河流域的游牧文化》《红山文化概论》《红山玉器》《西辽河流域史前陶器图录》《西辽河流域考古时代自然与文明关系研究》《西辽河上游考古地理学研究》《辽西地区新石器时代植物考古研究》《红山古国研究》《赤峰红山后：热河省赤峰红山后史前遗迹》（中译本）等。此外，赤峰学院研究人员在红山文化研究领域发表了 100 余篇学术论文，充分展示了红山文化研究成果。2019 年以来，赤峰学院先后获批内蒙古红山文化研究基地、内蒙古红山文化与中华早期文明研究协同创新中心、内蒙古红山文化与中华民族共同体研究基地。目前，赤峰学院在红山文化研究领域已形成了鲜明的特色，成为赤峰市文化研究的一面旗帜。

值此红山文化发现 100 年之际，赤峰学院编写了"红山文化考古发现与研究一百年丛书"，旨在系统总结红山文化考古发现与学术研究成果，进一步深化对中华文明起源和发展的认识。新时代，继续对红山文化遗址进行保护与研究，不仅是深入挖掘与弘扬中华优秀传统文化的重要实践，而且对增强文化自信具有重要意义。红山文化所蕴含的中华文明的核心基因，深刻展现了中华文化的连续性、创新性、统一性、包容性、和平性，是全人类共同的精神财富。因此，挖掘、整理、研究、保护和传播红山文化不仅是我们的责任，也是我们应尽的义务。

"红山文化考古发现与研究一百年丛书"编写组

2021 年 12 月

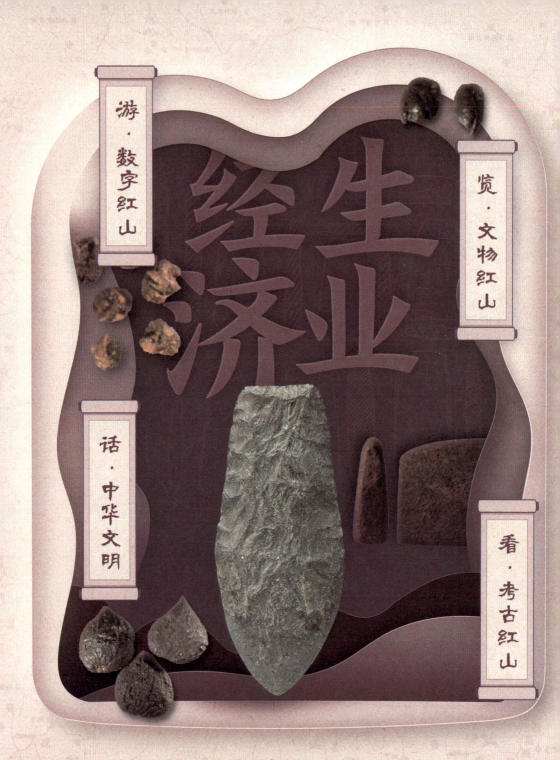

游·数字红山

览·文物红山

话·中华文明

看·考古红山

生业经济

码上解密红山文化

探寻文明起源

目录

绪　论

考古学证据表明，中国史前社会存在两个相互联系的发展趋势：一是区域间相互作用逐渐加强；二是每个区域的社会都逐渐向复杂化发展，文明因素逐渐显现。[1]这种趋势在新石器时代最末的龙山时代得到了最大程度的呈现，基本上形成了以中原为中心的历史发展趋势。[2]以辽西地区为代表的中国北方边缘地带，系统性的考古工作开展较早，文化谱系相对完善。苏秉琦先生"三历程""三部曲""三模式"的理论体系的形成和发展，与辽西地区的考古学资料有着密切的联系，无疑是最重要的学术思想来源，他称"这里是文明太阳升起的地方""在历史发展过程中，西辽河地区文明起源因素早于中原""我国统一多民族国家的形成的一连串问题似乎集中地反映在这里"。[3]因此，可以说辽西地区是与黄河流域、长江流域史前文明同步发展并自成体系的一个重要的文化区域[4]。

1　Chang KC, "Archeology of ancient china," *Science* 3853, no.162(1968): 519-526.

2　赵辉：《以中原为中心的历史趋势的形成》，《文物》2000年第1期。

3　苏秉琦、殷玮璋：《关于考古学文化的区系类型问题》，《文物》1981年第5期。

4　熊增珑：《辽西地区新石器时代聚落研究》，博士学位论文，吉林大学，2020年。

　　辽西地区的系列考古发现使学界意识到中原以外区域也存在高度发达的史前文明，中国史前时代存在多元化的发展格局。从文化西来说到黄河流域一元说，再到区域多元说，中国考古学研究视角的变化不仅归结于固有文明史观的变化，更反映出一切解释从材料出发的理论前提，而从区域视角探讨史前文化的特点和关系，正是中国文明起源研究的核心立足点。要想将中国文明起源理出一条相对清晰的线索，就需要系统分析不同区域的文明化进程，再从比较的视野中总结社会发展的普遍性和特殊性，凝聚出中华文明的整体特征，以及提炼升华出较为完整的中国文明历史理论。

　　红山文化因内蒙古赤峰市红山后遗址的发掘而得名，是中国东北地区最著名的新石器时代考古学文化之一，是东北亚地区具有广泛影响力的一支新石器时代考古学文化，对中国文明起源和早期社会发展进程及商周文明产生了深远的影响。1935年，红山文化遗存被首次揭示，至今已走过80余年的发展历程。1954年，红山文化被尹达先生正式命名，至今已有60余年的历史。在考古材料不断积累的过程中，红山文化也深受国内外学术界的广泛关注。红山文化的研究视角相对广泛，陶器研究、玉石器研究、聚落研究、人地关系研究等学术课题已经逐步揭示出红山文化的社会复杂化进程。但值得注意的是，红山文化所在地的辽西地区位于中国北方的边缘地带，是中国农牧交错带的典型地区，自兴隆洼文化以来，一直是以采集狩猎为核心的生业经济。[1] 在这种特殊的地理环境下，红山文化先民是以何种生业经济承担社会复杂化

　　1　孙永刚：《西辽河上游地区新石器时代至早期青铜时代植物遗存研究》，博士学位论文，内蒙古师范大学，2014年。

的发展？又为红山社会的文明化进程承担着怎样的作用？

正是在上述问题的基础上，研究者对红山文化生业经济开展了一系列研究，包括古环境研究、动物考古学研究、植物考古学研究、碳氮稳定同位素研究、生产工具研究等，从多样的研究视角逐步揭示出红山文化的生业结构和生业策略。本书正是在上述研究的基础上，系统梳理和分析相关研究成果，深入研究该地区旱作农业的发展以及文化演进与经济形态的关系问题，从而推动对辽西地区古代文明产生的动因与过程的研究。

第一章 辽西地区的生业环境

在人类的生存体系中，生业环境孕育了万物的萌芽，构建了人类赖以生存的基础，诸如气候、水文、土壤、生物等环境要素，通过在物质和能量层面上的交流、渗透和制约，有机地组合成一个复杂的生态系统。[1]生业环境的不同受生态系统差异的制约，并在一定程度上影响了人类的生业经济乃至生存策略。红山文化时期，由于人类改造自然的能力有限，生业环境的制约力显得尤为显著。因此，系统地认识辽西地区的生业环境，不仅是理解红山文化先民生业经济的基础，更是探索红山文化先民生业策略的首要之义。

一、辽西地区的地理环境

辽西地区特指辽河以西的地区，在行政区划上包括内蒙古东南部和辽宁西部地区。辽西地区东北与松嫩平原相连，东南与辽河平原毗邻，西接赤峰西部山地，北邻大兴安岭南麓，南挨七老图山和努鲁尔虎山，中部横贯科尔沁沙地，整体呈向东敞开的 C 字形，由西北向东南渐降，便构成了典型的阶梯状地貌层次。（图1.1）

1　夏正楷：《环境考古学——理论与实践》，北京大学出版社，2012年，第165页。

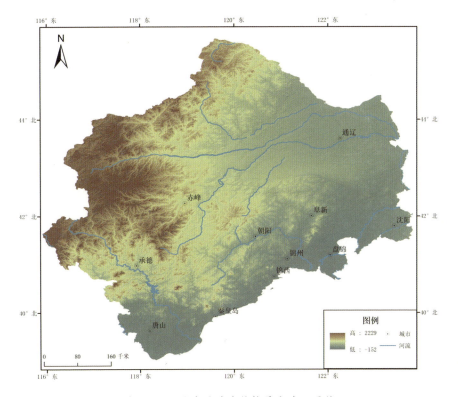

图 1.1　辽西地区的地貌格局和地理区位

1. 地貌类型

辽西地区的地貌类型包括山地、平原、丘陵和沙地。[1]

辽西地区的山地主要包括大兴安岭西南段—七老图中低山地和努鲁尔虎低中山地。七老图中低山地海拔多在 1000～1200 米，山坡陡峭坡度大，山顶多尖状，且障谷、狭谷密集分布；努鲁尔虎低中山地海拔多在 800～1000 米，山顶多圆弧状，山谷宽阔，冲沟水流发育良好。

辽西地区的平原是指河谷类型冲积平原和冲积—湖积平原。

1　赤峰市地方志编纂委员会：《赤峰市志》，内蒙古人民出版社，1996 年，第 383-400 页。地理环境部分多引用此文，下文不再列出。

河谷冲积平原一般由河漫滩和冲积阶地组成，是辽西地区最肥沃的农业用地，多呈树枝状或条带状。冲积—湖积平原是位于西拉木伦河上游的平原，地势辽阔，由洼地和岗地相间组成，湖沼多季节性积水，水土条件优良。此外，在克什克腾旗西部有一片特殊的高平原，海拔均在 1200 米以上，地势宽阔且内陆河湖发育良好。

辽西地区的丘陵主要是指赤峰—敖汉黄土台地丘陵和大兴安岭西南段丘陵。丘陵顶层平整宽阔，间有宽浅洼地，整体略呈馒头状。大兴安岭西南段丘陵呈东北—西南走向，谷地宽敞肥沃。赤峰—敖汉黄土台地丘陵起伏较大，黄土覆盖不均匀，地下水局部变化较大。

辽西地区的沙地主要包括西拉木伦河中下游的科尔沁沙地、克什克腾旗附近的浑善达克沙地以及英金河和老哈河之间断续的小沙地。沙地由沙坨、沙沼和草甸组成，固定、半固定沙丘占绝对优势。随着气候的变化，沙地范围有着明显的拓展和收缩发展。科尔沁沙地北部多为固定沙地，南部流动性沙丘占得较多。浑善达克沙地流动沙丘仅占少部分，其间有零星的湖泊分布。英金河和老哈河之间断续的小沙地基本为固化，外表并不明显。

2. 气候和物候特征

辽西地区属温带半干旱大陆性季风气候，冬季长，夏季短，其中西北部冬季长达 5 个月。年平均降水量 380 毫米，受地形和季风影响，降水量自西北向东南递减，其中冬季降水量仅占极少数，因此干旱少雨是辽西地区气候的主要特征。西北部受地势影响，年平均降水量为 450～500 毫米。东部为低海拔地区，每年平均降水量为 250～350 毫米。辽西地区南北、东西物候差异大，物候现象多从南向北推迟，海拔每上升100米，物候推迟约3～4日。

辽西西北部地区海拔较高，植被多属于草甸草原和森林草原。冬季寒冷，夏季凉爽，属于辽西地区优良的牧业气候区，中部和东南部森林覆盖率低，热量充足，生产布局上具有农牧交错、半农半坡的生业特征，并且低山缓坡地带和河谷地区成为转场和农耕的理想区域。

3. 水系特征

辽西地区的水系分别归属于多种类型，分别是内陆水系、西拉木伦河水系、老哈河水系、大凌河水系、乌力吉木伦河水系、教来河水系和滦河水系等，种类丰富。内陆水系主要分布在大兴安岭南段山脉，由西北流向湖泊、洼地或沙地等地。滦河水系滥觞于克什克腾旗，然后汇入河北滦河。大凌河水系起于宁城和敖汉等地，水流非常充足。乌力吉木伦河发源于大兴安岭南麓地区，东南向流经巴林左旗、林东等地，然后汇入新开河。西拉木伦河是辽西地区最大的河流，上游非常宽阔，下游则相对狭窄，整体呈羽状水系。老哈河水系起源于燕山北麓，自南向北流入老哈河流域。教来河水系源自赤峰努鲁尔虎山，从通辽汇入西辽河。

辽西地区地下水的构成主要包括基岩裂缝水和第四系松散层潜水。基岩裂缝水主要分布于大兴安岭南麓的山区和赤峰西部的山地。第四系松散层潜水在丘陵和河谷均有分布，地下水水位相对较高，其中小水系周边的地下水水位高于大水系。

4. 植物资源

复杂的地貌和水文环境决定了辽西地区植物资源的复杂性，南部多华北植物种，东北部多东北植物种，北部多大兴安岭植物

种，西部多蒙古植物种。植物资源共 1800 余种，分属 100 余科，500 余属，其中草本 1500 种、灌木 220 种、藤木 25 种、乔木 95 种等。从空间分布的角度看，辽西地区的植被资源主要包括森林、草甸草原、干草原、灌丛草原、草甸、沼泽、沙生等。

辽西地区的森林及森林草原主要分布在大兴安岭山地、努鲁尔虎山和七老图山地区，北部山区海拔多在 1000 米以上，南部山区海拔多在 800 米以上，主要包括温带山地夏绿针叶林、阔叶林或针阔混合林。北区的林下灌木层非常丰富，主要包括小灌木、草本植物等，例如虎榛子、山杏、苔草、地榆等；南区多栎属、油松、山杏、榛子、豌豆、蕨菜等。

森林与草原过渡地带广泛分布着灌丛草原，主要位于南部黄土丘陵或低山区。灌木类型有胡枝子、酸枣、山杏、沙棘等。草本植物丰富，例如狗尾草、甘草、百里香、黄蒿等。

西拉木伦河以北的低山丘陵以及科尔沁沙地的外缘分布着干草原植被，以草本植物为主，例如冷蒿、狗尾草、百里香、苔草、甘草、胡枝子、草木犀等。

大兴安岭山地高海拔地区和河湖沿岸低洼地带广泛分布草甸植被。山地草甸主要包括叶菊、针茅、黄芪、胡枝子、羊草等。低洼草甸包括野大麦、车前草、马蔺、猪毛菜、碱蓬、蓼科、藜科、稗子等等。

科尔沁沙地和浑善达克沙地分布部分沙生植物，植物群多由灌木、半灌木和草本组成，常见的草本有蒿、狗尾草、沙蓬、猪毛菜、虫实、麻黄等。

沼泽类型植被在辽西地区只有零星分布，多位于草甸植被的低湿处。植被种类包括芦苇、稗子、水葱、菖蒲等。

5. 动物资源

辽西地区的动物资源横跨古北界的东北区、华北区和蒙新区。动物种类丰富，有野生动物 551 种，其中兽类占全国兽类种 10% 左右。

野兽类共有 6 目 20 科，包括食虫目、啮齿目、食肉目、偶蹄目。常见的有兔科、鼠科、犬科、猪科、猫科、鹿科、牛科等。

鸟类共有 17 目 47 科，253 种。常见的有鹳科、鸭科、鸱鸺科、鹰科、隼科、雉科、燕科等。

鱼类多为硬骨鱼系，以鲫鱼、鲤鱼、雅罗鱼、鲶鱼、草鱼为主。

二、红山文化时期的古环境

环境考古学是自然学科与社会学科相互交叉而形成的新兴学科，近年来发展相当成熟。环境考古学视人类为自然界的组成部分，并考虑人与其他物种之间的联系，以探求环境的演变规律，尤其以第四纪阶段在地质、气候、地貌、资源等方面的变化为基础工作，进而分析对特定文化的技术、行为方式、观念形态等方面的影响。

辽西地区作为农牧交错带的关键地点，地貌类型丰富，近年来在古环境研究方面取得了丰硕成果，为了解红山文化时期的古环境提供了重要研究基础。总的来说，辽西及其周边地区的古环境研究可分为五个层面，即湖泊沉积、石笋堆积、孢粉记录、沙地堆积以及河流阶地。

1. 湖泊沉积研究

湖泊是陆地水圈的重要组成部分，与大气圈和生物圈具有非常紧密的关系，在各圈层中起到了很重要的作用。湖泊环境，尤

其是封闭盆地的湖泊，作为独立的自然体经历了漫长的地质演化，其水位的升降、面积的大小、生物组合的更替等均是气候变化的敏感指标。因此，通过对湖泊沉积的研究，可以对区域甚至全球的古气候环境演化进行合理的重建。

呼伦湖是中国东北地区面积最大的湖泊，肖举乐等通过粒度、孢粉等分析了呼伦湖流域万年以来的湖泊水位和降水量，红山文化时期是呼伦湖流域降水量最丰富和湖泊水位最高的阶段。[1] 张振克等对呼伦湖的湖面波动、泥炭发育和风沙古土壤进行了比较研究，[2] 认为呼伦湖的富营养泥炭发育在红山文化时期达到了全新世以来的鼎盛期，湖面高度也处于万年来的最高峰。梁丽娥通过粒度、碳同位素和氮同位素等指标重建呼伦湖流域的古环境，研究显示红山文化时期呼伦湖流域的初期生产率相对较高，气候相对暖湿，处于全新世大暖期的高峰。[3]

达里湖是位于赤峰市克什克腾旗的封闭型湖泊。范佳伟等对达里湖进行了有机碳、氮同位素分析，达里湖的水文和生态环境在红山文化时期得到了显著的提升，水生的浮游生物大量繁衍，湖面高度和初级生产率均达到高峰。[4] 刘瑾等重建了达里湖湖岸堤

1　Xiao JL, Chang ZG, et al, "Holocene weak monsoon intervals indicated by low lake levels at Hulun Lake in the monsoonal margin region of north Eastern Inner Mongolia, China," *The Holocene* 19, no.6(2009): 899-908.

2　张振克、王苏民：《13ka 以来呼伦湖湖面波动与泥炭发育、风沙—古土壤序列的比较及其古气候意义》，《干旱区资源与环境》2000 年第 14 卷第 3 期。

3　梁丽娥：《中晚全新世以来呼伦湖沉积记录的环境与气候演变》，博士学位论文，内蒙古农业大学，2017 年。

4　范佳伟等：《内蒙古达里湖全新世有机碳氮稳定同位素记录与环境演变》，《第四纪研究》2015 年第 35 卷第 4 期。

的变化速率，红山文化时期达里湖的湖面波动显著上升，湖面高度在全新世达到最高峰，即海拔为 1291 米。[1] 蒋梦瑶等对达里湖古水量和湖面进行了系统分析，红山文化时期达里湖的蓄水量非常高，湖面高度尽管略有起伏，但仍处于最高点。

2. 石笋堆积研究

石笋属于洞穴内的自然碳酸钙沉积物，是洞穴中的水和土壤共同作用的产物。石笋以其分布范围广、测年精度高、保存情况好、研究指标多、对比指数强、采样成本低等优点，成为近年来古气候研究的热点。通过对石笋堆积的系统研究，可以初步构建全新世阶段的季风和降水变化。

暖和洞位于辽宁省本溪市，其石笋多位于洞穴深处。郭允等对石笋进行了氧碳同位素和灰度等指标研究，研究发现在红山文化时期，该洞石笋处于快速增长期，尽管存在短暂的波动，但仍显示出夏季风和降水量的强盛。[2] 吴江滢等对 4 支石笋进行了针对性分析，研究表明该洞石笋的氧碳同位素在红山文化时期达到了全新世以来的峰值，降水量明显充沛。[3]

万象洞位于甘肃省陇南市，是北方地区较大规模的石笋洞穴。王江林等对该地石笋进行了氧碳同位素分析，研究发现在红山文化时期，该洞石笋氧同位素偏低，且夏季风强盛，降水量增加。[4]

1　刘瑾等：《内蒙古中东部达里湖湖岸堤记录 12.5 cal ka BP 以来湖面波动过程》，《古地理学报》2016 年第 18 卷第 6 期。

2　郭允：《早全新世辽宁暖和洞石笋纹层与气候事件研究》，硕士学位论文，南京师范大学，2011 年。

3　吴江滢等：《全新世东亚夏季风演化的辽宁暖和洞石笋记录》，《第四纪研究》2011 年第 31 卷第 6 期。

4　王江林：《黄土高原西缘石笋碳氧同位素记录的 9 ~ 5.3ka BP 期间气候变化研究》，硕士学位论文，兰州大学，2010 年。

张德忠对洞穴深处的一支石笋进行了研究，研究发现该洞的石笋在红山文化时期增长明显，尽管存在间歇性波动，但夏季风和降水量仍然达到了全新世以来的高峰。[1]

3. 孢粉记录研究

陆地植被演化是古环境演变最敏感的要素，重建区域内的植被演化，是古环境研究最重要的课题之一。孢粉是陆地植被演化最常见和最敏感的指标，对孢粉数据进行合理的分类和量化，可以对古环境，尤其是对微观环境进行合理的认识。近年来，辽西地区孢粉记录研究相对丰富。

莫多闻等对辽宁朝阳牛河梁遗址第二和第五地点文化层的孢粉进行了分析，禾本科和蒿属花粉数量非常多，桦树、柳树、榆树等温带落叶阔叶属种的木本花粉较为常见，并见一定数量的环纹藻，这都是气候较暖湿的标志。[2]

武吉华等对克什克腾旗热水塘剖面进行了孢粉分析，研究显示在红山文化时期，该地区以温带湿润的草本和木本组合，土壤的有机质非常丰富。[3]

许青海等对赤峰七锅山剖面进行了系统的孢粉分析，研究显示在红山文化时期，该地区以乔木植物花粉为主，并有较好的阔叶林生长。[4]

1 张德忠：《末次冰消期万象洞高分辨率石笋气候记录》，博士学位论文，兰州大学，2011年。

2 莫多闻等：《红山文化牛河梁遗址形成的环境背景与人地关系研究》，《第四纪研究》2002年第2期。

3 武吉华等：《中国北方农牧交错带（赤峰市沙区）8000年来土壤和植被演变初探》，《中国北方农牧交错带全新世环境演变与预测》，地质出版社，1992年。

4 许清海等：《赤峰地区孢粉分析与先人生活环境初探》，《地理科学》2002年第22卷第8期。

孔昭宸等对翁牛特旗小善德沟剖面进行了孢粉分析，研究显示在红山文化时期，该地区以温暖湿润的夏绿阔叶林为主，李属灌木和乔木也非常显见。[1]

宋豫秦等对巴林左旗大坝剖面、敖汉旗祭坛剖面、巴林左旗富合沟门剖面进行了比较研究。孢粉植物组合研究显示，在红山文化时期，该地区以暖干的疏林草原、温带阔叶林为主要，气候呈现出的态势较今日也更为暖湿。[2]

4. 沙地堆积研究

沙地堆积是古气候研究的理想指标，其固化或拓展都能呈现出当时的气候信息。辽西地区地处农牧交错带的敏感地点，科尔沁沙地、浑善达克沙地均分布在这里，探索沙地的形成与演变过程是了解辽西地区古环境演变的关键指标。

戈双文等对科尔沁沙地内 20 多处古土壤进行了粒度和磁化率分析，重建了全新世以来科尔沁沙地的演化过程。在红山文化时期，该地区磁化率明显偏高，有机质含量显著增加，植被覆盖率较今扩大，发育的古土壤被大量发现，种种迹象显示出科尔沁沙地处于温暖湿润的固化状态。[3]杨利荣等通过分析 13 个风沙剖面和 3 个黄土剖面的粒度和磁化率，重建科尔沁沙地的空间格局变化。在红山文化时期，该地区土壤固化现象非常明显，古土壤发育达到了全新世以来的顶峰。[4]

1　孔昭宸等：《内蒙古自治区赤峰市距今8000—2400年间环境考古学的初步研究》，《环境考古》第一辑，科学出版社，1991年。

2　宋豫秦：《中国文明起源的人地关系简论》，科学出版社，2002年。

3　戈双文等：《末次盛冰期以来科尔沁沙地古气候及其边界重建》，《第四纪研究》2013年第33卷第2期。

4　杨利荣等：《光释光测年揭示的科尔沁沙地末次晚冰期—全新世沙漠空间格局变化》，《第四纪研究》2013年第33卷第3期。

浑善达克沙地位于赤峰市克什克腾旗。王小平从地层的岩性、磁化率和粒度等指标对浑善达克沙地的古环境进行了针对性分析，红山文化时期是全新世以来最明显的成壤期，黏土含量高，有机质含量丰富，气候温暖湿润。[1] 韩瑞对浑善达克沙地剖面进行了磁化率、化学元素和粒度的分析，表明了在红山文化时期，该地区的沙地环境明显较湿润，古土壤发育明显。虽然风沙活动间歇性存在，但是沙漠固化非常明显。[2]

5. 河流阶地研究

古地貌学最重要的研究方向便是地形和地貌的历时演变，其形成和发展的过程是古环境演变最清晰的记录与保存。

夏正楷等对西拉木伦河阶地的发育状况进行了野外调查，调查发现在红山文化时期，该地区河流水系发生明显的下切，辽西地区宽广的黄土堆积被切割为黄土台塬和河谷地貌，而红山文化遗址主要分布在二级阶地的沉积物和黄土台塬之上，其空间分布与西拉木伦河阶地的演变密切相关。[3]

三、红山文化生业环境的特点

辽西地区在地貌和生物资源上具有多样化的特征，地貌类型包括山地、平原、丘陵和沙地；水系类型包括内流水系和外流水

1　王小平等：《浑善达克沙地晚冰期以来沉积地层及环境演变》，硕士学位论文，西北大学，2003 年。

2　韩瑞等：《浑善达克沙地全新世气候变化研究》，硕士学位论文，山西大学，2020 年。

3　夏正楷等：《西拉木伦河流域考古文化演变的地貌背景分析》，《地理学报》2000 年第 55 卷第 3 期。

系；植物资源包括华北植物种、东北植物种、大兴安岭植物种和蒙古植物种；动物资源横跨古北界的东北区、华北区和蒙新区。基于地貌和生物资源的多样性，辽西地区的生业环境显示出明显的生态交错带特点。

生态交错带是指两个或两个以上不同群落的过渡生态区，其环境因素、生物种群均处于相变的临界状态，生态系统的结构、功能及生态过程相当复杂。[1]高吉喜等根据生态交错带的定义、划分标准及命名法则，将中国生态交错带划分为五个区，即北方森林草原交错带、北方农牧交错带、西北荒漠绿洲交错带、西南川滇农牧交错带和东部海陆交错带。[2]辽西地区生业环境的特征主要涵盖北方森林草原交错区和北方农牧交错区两种类型，以及小范围的荒漠绿洲交错区。北方森林草原交错区主要指呼伦贝尔草原与大兴安岭森林的过渡区域，森林区森林斑块面积大，斑块数量少；林缘草甸区气候相对干旱，地形变为低山丘陵和高大沙丘，森林景观破碎化程度较高，森林斑块面积小，斑块数量多；草甸草原区气候干旱程度增加，地形起伏小，森林斑块面积和斑块数量均非常小。北方农牧交错区并非依据生物资源划分，而是人为经济类型的地理概念，是指农业区和牧业区之间的过渡地带，景观上表现为草地、林地和农田景观在空间上大面积的交错分布，呈现镶嵌式或插花式的农牧复合景观格局。荒漠绿洲交错带是指科尔沁沙地和浑善达克沙地内部海子（小型湖泊）和河流形成的沙地绿洲景观。

通过对辽西地区湖泊沉积、石笋堆积、孢粉记录、沙地堆积

1　高吉喜等：《中国生态交错带》，中国环境科学出版社，2009年。

2　高吉喜等：《中国生态交错带》，中国环境科学出版社，2009年。

以及河流阶地五个层面的古环境研究，红山文化时期是辽西地区全新世最暖湿的阶段。尽管现今辽西地区的温度和降水数据略低于红山文化时期，但地貌和生物环境仍然为认识红山文化的生业环境提供了借鉴。参考三种生态交错区的定义、内涵和影响要素，红山文化时期的生业环境可能具有异质性和动态性的特点：

异质性。异质性是指辽西地区物种的丰富程度要明显高于邻近地区，生物种群的边界互相渗透、连接和区分，具有生物多样性丰富、食物链长、种群密度大、环境边界模糊等特点。

动态性。动态性是指辽西地区的景观边界具有脆弱性、敏感性等一系列的动态变化。生态位的异质性使得生物群内的种间竞争替代了种内竞争，因此受到环境干扰后，生物群内的动态变化便会非常显著，并且恢复时间较长，耐受力低下。

红山文化生业环境的异质性决定了红山文化先民具有丰富的野生动植物资源，生业经济的利用对象非常广泛，有较其他传统文化区更为宽裕的"人口—资源"压力。红山文化生业环境的动态性决定了红山文化的野生动植物资源非常脆弱，若温度和降水发生剧烈变化，红山文化的生业环境便会发生快速的动荡，并且需要漫长的恢复周期，有较其他传统文化区更为紧张的"人口—资源"压力。分析红山文化生业环境，对于探索红山文化生业结构的转变及社会复杂化的发展具有重要的意义。

第二章　红山文化植物资源的利用

　　植物和人类之间的关系密不可分。自人类诞生起，植物就不断为人类提供各类生活必需品以及由植物营造出的生存环境，因此对古代人类生存方式的研究必然不能缺乏对考古遗址中出土的植物遗存研究。植物考古学是一门通过对考古发现的和古人类活动直接或间接相关联的植物遗存进行研究，以解释古代人类发展史的学科。[1]

　　植物考古学是一个涉及植物学与考古学跨学科的研究领域，它利用植物学方法进行考古学问题的研究，身为考古学的一个分支，研究目的是通过对考古发掘发现中的植物遗存进行鉴定与分析，认识人类和植物之间的相互关系，从而复原古代人类的生活方式，探讨古代人类的文化史，对人类文化的发展和过程进行解释。植物考古学区别于一般考古学的特殊之处就是它的研究对象是和古代人类活动直接或间接相关联的植物遗存。和人类活动有着直接关联的植物遗存指的是根据古代人类的不同需求而被人类进行利用的各种生活原料，首先则是构成人类生存必需的食物来源，

1　赵志军：《植物考古学概述》，《农业考古》1992 年第 1 期。

如粮食；其次则是和人类生活有着密切相关的建筑材料、燃料等。和人类活动有着间接关联的植物遗存指的是影响人类社会形态自然植被所塑造出的环境，人类活动范围内的自然植被如依附在人工生态环境里的杂草。

植物考古学所研究的对象可以分为植物大遗存与植物微型遗存。所谓植物大遗存指的是通过肉眼或是放大镜，最多采用低倍显微镜便可以观察到的植物种子、硬果壳核、块根茎残块、纤维、木材、球茎的植物遗骸。根据不同埋藏与保存条件，植物遗骸又可以分为籽粒印痕类、浸水类、脱水干燥类、炭化类。植物微型遗存指的是需要采用高倍显微镜才能观察到的孢粉、淀粉粒、硅藻、植硅体、石斑与植物DNA等，是植物遗骸与其他种类证据材料很好的补充。在我们对过去的理解中，这两类遗存对象分别扮演着各自的角色，数据收集、存储、量化与解释等方面也面临不同的挑战。红山文化植物考古学的研究包括植物大遗存和淀粉粒研究，因此本章主要介绍这两种研究方法。

一、植物考古学的研究方法

1. 植物大遗存的研究方法

（1）样品的采集

在植物考古学的研究中，最重要的一环是如何正确地设计采样方法以获取植物遗存，这是研究结果最终是否能够体现出研究目的的重要基础。从理论上讲，遗址内所有的土样均需要进行浮选，但受限于经费与时间，这样的方式几乎不可能实现。因此，采样目的与设计采样方法便显得尤为重要。总体来说，最常见的采集方法为全面采样法、针对性采样法和剖面采样法。[1]

全面采样法指的是在人为所划定范围的区域内进行全面系统的采样，这种范围可以是一个遗址，也可以是一个遗迹。此方法需要充裕的经费与时间，才能够全面揭示该区域内植物的保存情况。

针对性采样法指的是对遗址内人为选择出的具体埋藏遗迹进行采样工作，如灰坑、房址、灶坑等。此方法能够有效节省时间与经费，是目前最为常用的采样方法。因遗迹不同，所呈现出的背景会完全不同，因此采样目的一定要明确。

剖面采样法则主要以区域内考古调查或遗址试掘为目的，从文化层剖面上进行采取土样。对遗址进行调查采样可初步了解该区域各遗址内植物遗存的利用与保存情况。

（2）样品的浮选

植物遗存之所以能保存至今，除极少数处于浸水或干燥的环境外，大部分是因为埋藏前经历了烧烤而导致炭化。炭化后的植物遗存化学性质极为稳定，但物理属性却变得极为脆弱，并且尺寸微小，故考古学家设计出浮选法，用以发现与获取炭化的植物遗存。[2]

浮选法原理较简单。因在干燥的情况下，炭化后的物质通常比一般土壤颗粒轻，并且其密度小于水的密度，所以将遗址内的土样放入水中，就可以使炭化植物遗骸和土壤分离，浮出水面，进而提取之。

此外，部分拥有较大尺寸的植物遗存，为避免遗骸的破坏，

1　赵志军：《植物考古学的田野工作方法——浮选法》，《考古》2004年第3期。
2　赵志军：《植物考古学的田野工作方法——浮选法》，《考古》2004年第3期。

可采用干筛法进行筛选，但是干筛的弊端是极小种子的回收率可能会被降低。

（3）样品的鉴定

浮选出的样品需在植物考古实验室里进行分类与鉴定。炭化的植物遗存一般包括种子、果核、块茎和炭化木头四大类。[1]

种子类是炭化植物遗存的主要构成。种子数量在植物资源中极其多，研究者在鉴定工作中需长期的经验。常见的植物种子有蓼科、藜科、豆科、禾本科等，通过显微镜，研究者可以将这些种子和现生种子进行对比，从而得出判断。

果核类包括核果与坚果。核果指肉果，例如杏、桃、李等。果核类尺寸较大，形状特殊，较好区分。坚果指果皮没开裂的成熟干果，例如褐陶、板栗等。

块茎类指地下茎或地下根，包括莲藕、山药、芋头等。块茎类的主要组成即富含淀粉的薄壁细胞，和木材、种子之间有较大差异，较好区分，但块茎类之间种属区分的难度较大。

炭化木头的主要来源为经过燃烧的木头残存物，研究者从鉴定中不仅可以进行年代测年，也可以重建该区域内的环境与人们对建材与燃料的偏好。木材鉴定一般由专业人员于显微镜下依据现生木材图谱进行分析。

（4）样品的分析

植物遗存拥有相对多样的分析视角，通过对出土概率与绝对数量的统计，可以相对客观地呈现出数据的真实性。总的来说，植物遗存分析方向可以分为农业起源、生业与社会、作物传播、作物加工等多种研究课题。

1　赵志军：《植物考古学理论方法与实践》，科学出版社，2010年。

农业起源为植物考古领域乃至世界考古学的重大课题，根据对植物野生种与驯化种阶段性的认识，在考古学背景下，逐步揭示出粟作、稻作和块茎等植物的驯化历程。农业起源的意义不仅是针对农作物本身，更是涉及人类的生存策略发展和转型。

生业与社会的研究不仅涉及植物考古学领域本身，更牵扯着考古学文化的发展、互动和转型。在考古学文化研究背景下，结合植物考古学的相关研究，可以更全面深入地探讨如文明起源、文化互动、文化转型等相关问题。

农作物的传播属于植物考古学的主流问题。农作物的起源具有一定的地域局限性，依据对农作物出现的年代与线路的分析，可以研究人群关系的传播与互动及作物的加工技术。

作物的加工与处理如今是植物考古学的热点问题，通过对杂草、未成熟作物、成熟作物的比较研究，可以对聚落社会的作物加工流程以及可能出现的供应与互动关系进行探讨。

2. 淀粉粒的研究方法

淀粉是由植物通过光合作用产生的一种次生代谢产物，是葡萄糖分子聚合而成的长链化合物，以淀粉粒的形式贮藏在植物的根、茎及种子等器官的薄壁细胞质中。不同种属的植物淀粉具有不同的形态特征，因此根据淀粉粒的形态特征可以进行植物种类的鉴定。而且由于淀粉粒具有保存时间长、产量高、分布广、等级可分辨率高四个优点，有效弥补了植硅体、孢粉等物质的缺陷，成为近十几年来的新兴技术，在考古研究中得到应用。[1]

淀粉粒分析的基本思路是在建立现代植物种属的淀粉粒形态

---

[1] 方梦霞、陈虹：《淀粉粒分析在石制品功能研究中的应用与思考》，《草原文物》2015 年第 2 期。

标准的基础上，通过对土壤地层、考古器物以及牙垢中获取的古代淀粉粒的种属鉴定，以进行器物功能分析、古人类植物资源利用分析以及古环境重建。在进行古代淀粉粒分析时，研究方法主要有三个方面：从考古学遗址中出土的各种人工制品及沉积层中提取古代淀粉粒；对提取的淀粉粒进行种属鉴定；将淀粉粒的出现与特定的人类活动联系起来，以揭示其背后的考古学意义。这些人类活动包括植物的驯化、种植与收获，食物准备及加工技术，祭祀风俗等。[1]

（1）样品的采集

从沉积物或各种人工制品的表面进行取样是古代淀粉粒分析的首要步骤。迄今为止，研究者已经从包括土壤、粪化石、石器、陶器、木器在内的各种考古材料中提取到了古代淀粉粒。根据取样对象的不同，所采取的取样方法也不尽相同。[2]

①沉积物的取样

沉积物指一类形状不固定的考古遗存，包括地层、土壤、粪化石等。对于粉末状的土样或颗粒状的粪化石，可以戴上一次性塑料手套拾取，然后放入洁净的塑料样品袋。对地层的取样，如果要考察不同时期淀粉粒数量和种类的变化，可以设计在同一剖面的不同高度采用打孔法连续取样，分别置于不同的样品袋中。取回的沉积物样品应及时干燥，一般在40℃的烘箱中进行。称取干燥后的样品约5g，放置于小烧杯中，加蒸馏水约10ml，浸泡一天，目的是分散沉积物，释放其中的淀粉粒，为后面的制样

1　葛威：《淀粉粒分析在考古学中应用》，博士学位论文，中国科学技术大学，2010年。

2　葛威：《淀粉粒分析在考古学中应用》，博士学位论文，中国科学技术大学，2010年。

做准备。

②人工制品的取样

对石器、陶器等人工制品的取样，应根据残留物的丰富度选择不同的方法。对于有些用肉眼即可在表面看到大量残留物的人工制品，可以用牙刮匙将残留物刮取后，置于洁净的带盖塑料离心管中。而对于残留物不明显的取样对象，就要根据材质的不同选用不同的取样方法。

对石器、木器等表面较为致密的器物，可采用如下步骤进行取样：

用微量取液器吸取 $50\mu L$ 蒸馏水至待取样的器物表面；

在器物表面反复吹吸蒸馏水，以使残留物溶于水中；

吸取上述溶液至洁净的 1.5mL 带盖离心管中（可重复以上步骤，以获取尽可能多的残留物）；

用微量取液器在 EP 管（带盖离心管）中反复吹吸，以使残留物分散。

在对陶器等表面疏松多孔的器物进行取样时，由于其表面吸水性强，不宜采用上面的方法，可以采用竹签刮取的方法取样，具体步骤如下：

用微量取液器吸取 $200\mu L$ 蒸馏水至 1.5mL 离心管中；

取无菌竹签一根，轻刮陶器取样部位；

将竹签浸入离心管内的蒸馏水中，轻轻搅拌，使刮取的残留物溶入水中（可重复前面的步骤，以获取尽可能多的残留物）；

用微量取液器在离心管中反复吹吸，使残留物分散。

另外，对于较小的取样对象，如石刀等，也可以把全部或部分器物放入加有纯净水的超声波清洗仪中，超声振荡 2 分钟，然

后收集洗脱液。

（2）样品的制备

对于从考古发掘现场或文物库房取回的样品，还需要将其制成玻片才能在显微镜下进行观察。不同性质的样品，其成分差异很大，对于面粉块等成分相对单一的样品，可直接制样观察；而对于土壤等杂质较多的样品，要进行分离，以尽可能地减少其他成分的干扰。

①样品分离提纯

通常采用重液法，可使淀粉粒与杂质分离。传统上使用 CsCl 作为重液材料，但是 CsCl 密度梯度离心法存在一些弊端。一方面是因为在这一过程中容易结晶，影响密度的稳定性，而且会破坏淀粉粒；另一个原因是不同的淀粉粒，其密度也有差异，离心后可能会分布在不同的密度层，从而造成丢失。目前多采用多钨酸钠（$3Na_2WO_4 \cdot 9WO_3 \cdot H_2O$）重液离心法，步骤如下：

离心样品混合液，速度为 1500RPM，离心 5 分钟。由于淀粉粒的平均密度约为 1.5，这时候沉在离心管底部，弃去上清。

加入适量重液（根据沉淀的量及所使用的离心管而定），重液的密度约为 1.8，摇匀，并用接触式振荡器振荡半分钟，然后离心 15 分钟，速度为 1000RPM。

由于淀粉粒的密度小于重液密度，离心后会浮在上层。用取液器吸取上层，即可能包含淀粉粒的有机物层，然后放入一个洁净的贴有标签的试管中。可重复几次第二步的操作，以便尽可能多地获取淀粉粒。

清洗样品，以除去残留的多钨酸钠。用纯净水清洗 3 次，1500RPM 离心 5 分钟，小心去上清。

用丙酮清洗样品，以干燥样品。用丙酮清洗剩余的样品（至少清洗两次），振荡，1500RPM离心5分钟。如果有絮状沉淀，则说明有残余的多钨酸钠，要重复第四步的操作，直到清澈。

去上清，置密闭处，干燥样品。

②玻片标本的制备

一般用中性树胶或一定浓度的甘油溶液在载玻片上装载样品。方法为在试管中添加少量上样液，混合并吸取样品，然后滴加到一个洁净的载玻片上。也可以在试管中加50uL蒸馏水悬浮样品，吸取并滴加到载玻片上，待干燥后，用甘油溶液或中性树胶装片。之后，选取合适大小的盖玻片，从一边轻轻压在样品液滴上，要用力均匀，防止产生气泡。如果制备的是临时装片，可以使用指甲油涂抹在盖玻片的周围，进行封片；如果用加拿大树胶封片，可以保存较长时间，适宜制备永久装片。

（3）样品的鉴定

①样品的镜检

制备好的玻片标本即可放到显微镜下进行检查，目的是寻找可能的淀粉颗粒。镜检时，通常从盖玻片的某一个角开始，记为原点，然后沿横向移动载物台。镜检通常在高倍显微镜下进行。当视野中出现形似淀粉粒的颗粒状物体，即停止移动载物台，将物镜转到更高倍下，并调整显微镜焦距，以便得到清晰物像。要先后在亮视野及偏振光下观察疑似颗粒，没有糊化的淀粉粒一般会在偏振光下显示明显的消光十字，并且其消光臂会随着起偏镜的转动而旋转。另外，如果在配备有DIC装置的显微镜下观察淀粉粒，还可以看到它相对立体的特征。通过以上特性，基本上可以对其是否是淀粉粒予以判定。经过碾磨、

加热等人工处理的淀粉粒往往会呈现各种损伤特征，包括颗粒的破裂及消光性能的改变等。这些损伤淀粉粒要比完好无损的淀粉粒携带更多关于古食谱和古代食物加工方法的信息，也是需要记录和分析的对象。

②样品的描述

古代淀粉粒的分析主要运用形态学方法，故需对镜检发现的每一个淀粉粒进行形态学的描述和记录。描述的指标主要是那些对于区分淀粉粒种属及反映淀粉粒加工模式具有重要意义的特征，包括形状、颗粒完整性，脐点位置、轮纹可见性、消光特性等。同时，也要准确测量淀粉粒的长度，通常以穿过脐点的最长径来表示。淀粉粒的分析是一个复杂的过程，根据研究对象和研究目的的不同，涉及的内容也不同。几乎所有的古代淀粉粒分析都涉及两个方面的内容：一是确定哪些是淀粉粒，哪些不是淀粉粒；二是对那些确定是淀粉粒的，进行种属和性质鉴定。种属鉴定的依据要与现代淀粉粒进行形态学比较，因此收集并研究一定数量的现代淀粉粒标本是进行淀粉粒种属鉴定的前提和基础。但是光有这些还不够，对于一些损伤淀粉粒的鉴定，往往还要设计和开展相应的模拟实验。

（4）样品的分析

淀粉粒研究主要体现在中国农业起源研究、石器功能分析、古代人类食性研究以及植物资源利用四个方面。[1]

农业起源是植物考古领域乃至世界考古学的重大课题，淀粉粒研究为中国北方地区小米类植物、南方水稻、华南块茎类植物的利用与驯化提供了新的研究途径和新的证据。

1　张晓宇：《国内外古代淀粉粒研究述评》，硕士学位论文，郑州大学，2020年。

在未将淀粉粒研究引进中国之前，人们对古代器物尤其是石器进行分析时，一般会根据石器的形态和考古文献资料进行判断。毫无疑问，这种判断方法缺少直接的证据，所得的结果也不是那么精确。随着淀粉粒分析进入研究人员的视野，人们从石器表面的孔隙中获取古代植物的淀粉粒残留，结合微痕分析，可以明确判断石器的具体功能。

随着新石器时代遗址中酒类遗存的发现，酒的起源和酿酒行为逐渐成为热点问题。在酒类遗存中，分析其淀粉粒为人们理解中国古代仰韶时期的社会生活和社会文化提供了新的思路。

古代人类食物资源研究一直是人们了解古代人类生存模式的重要途径，但是在考古学中，关于食物性资源的直接证据较少，而牙结石、石器、陶器内壁炭化物中的淀粉粒是古代人类利用植物性资源的直接证据。通过分析淀粉粒，人们可以直接获得古代人类植物性食物的信息。

植物考古是研究古代人类植物资源利用的主要手段，其中淀粉粒的分析扩展了古代人类利用植物资源的种类，也拓展了人们对古人类植物利用方式的认识。淀粉粒除了可以反映古人类对植物的利用情况，还可以反映出古代人类的生活习惯。

二、植物大遗存研究

经过植物浮选的红山文化遗址共有 8 处，其中有 3 处遗址经过系统的植物采样，即红山区魏家窝铺遗址、敖汉旗兴隆沟遗址第二地点、科尔沁左翼中旗哈民忙哈遗址；5 处遗址经过简单的调查采样，即敖汉旗杜力营子遗址、敖汉旗七家南梁遗址，翁牛特

旗敖包山遗址、翁牛特旗小洼子遗址、翁牛特旗大窝铺遗址。

1. 魏家窝铺遗址

魏家窝铺遗址位于内蒙古赤峰市红山区文钟镇魏家窝铺村东北部的平缓台地上，遗址总面积约 9.3 万平方米。文化面貌与白音长汗遗址的红山文化遗存相近，是目前国内发现的保存最完整、规模最大的红山文化时期的早中期聚落遗址。[1]（图 2.1）

图 2.1　魏家窝铺遗址俯瞰图[2]

2007 年，赤峰市红山区文物管理所和赤峰学院历史文化学院联合对红山区境内进行第三次文物普查。在普查过程中，发现该遗址地表可见到成排分布的"灰土圈"，以及较为丰富的石器、陶片等。2008 年，内蒙古文物考古研究所对该遗址进

1　段天璟、成璟瑭、曹建恩：《红山文化聚落遗址研究的重要发现——2010年赤峰魏家窝铺遗址考古发掘的收获与启示》，《吉林大学社会科学学报》2011年第 4 期。

2　塔拉、曹建恩、成璟瑭：《内蒙古赤峰魏家窝铺遗址 2011 年发掘成果》，《中国文物报》2012 年 2 月 10 日，第 4 版。

行了全面系统的勘探，对魏家窝铺遗址有了较为全面的了解。
2009—2012 年，吉林大学边疆考古研究中心和内蒙古文物考古研究所组成联合考古队，对魏家窝铺遗址进行了发掘，发掘总面积约 13204 平方米。

为了解魏家窝铺遗址内植物遗存整体的埋藏状况，并进一步对红山文化时期的人地关系情况和经济形态进行探讨，孙永刚等在发掘过程中采用针对性采集法的原则与操作方法，对例如房址、灰沟、灰坑等遗迹进行了科学采样。发掘中，共采集土样 110 份、共 621 升，每份样品平均土量在 6 升左右。

在魏家窝铺遗址的 110 份浮选样品中，共发现各种炭化植物种子 100 粒（表 2.1）。农作物种类仅见粟、黍，其中粟出土 33 粒，占植物种子总数的 33%（图 2.2）；炭化黍粒 18 粒，占出土植物种子总数的 18%（图 2.3）。

表 2.1　浮选出土植物种子统计表

植物种属	绝对数量	数量百分比
粟（Setaria italica）	33	33%
黍（Panicum miliaceum）	18	18%
狗尾草属（Setaira）	24	24%
猪毛菜属（Salsola）	1	1%
藜属（Chenopodium）	13	13%
黄芪（Legumenosae）	9	9%
紫苏（Perilla frutescens）	1	1%
果实残块	1	1%
合计	100	100%

图 2.2　粟

图 2.3　黍

在对魏家窝铺遗址进行三年浮选的结果中，黍与粟的数量非常少，这种现象可能存在几方面原因：一种原因是遗址内农作物遗存的埋藏量本身就较少；还有一种则可能是农作物遗存其实含量较高，但由于自然埋藏状况过差，抑或是提取样品过程中的误差，因此农作物出土绝对数量低。2010 年，在发掘的过程中，为避免因采样土量偏低而可能导致炭化植物种子数量偏低，孙永刚等大幅度增加了有代表性的样品，使得每份浮选样品的平均土量为 7 升左右，土量较 2009 年相比增长了一倍，但发现黍与粟的总数仅为 30 粒，绝对数量依旧很低，这说明土量的多少并未影响植物种子出土的绝对数量。结合兴隆沟遗址第二地点所出土农作物的种子数量分析，魏家窝铺遗址所出土的黍与粟的绝对数量较低，一方面或许是受到遗址埋藏状况的影响，但仍反映出当时的客观实际情况。

需说明的是，采用浮选法所获得的植物遗存在绝对数量上是存在误差的，这些误差是由炭化植物遗存在堆积过程、埋藏过程和被提取过程中存在各种自然或者人为因素所造成的。因此，对考古遗址所出土的植物遗存进行量化分析时，除要考虑植物遗存的绝对数量外，还应结合其他计量方法，如对植物遗存的"出土概率"做进一步统计分析。植物遗存的出土概率指的是"在遗址中发现某种植物种类的可能性，是根据出土有该植物种类的样品，在采集到的样品总数中所占的比例进行计算得出的"[1]。此种统计方法的特点并不考虑每一份浮选样品里所出土的各种植物遗存的绝对数量，仅以"无"与"有"二分法作为计量标准，其结果反映出的是植物遗存于遗址内分布的范围。从统计结果看，黍与粟的出土概率仅占7%，魏家窝铺遗址中，以黍与粟为代表的农业遗存所占比重较小，与绝对数量的判断相一致。

魏家窝铺遗址共发现各类非农作物种子48粒，以禾本科、藜科与豆科植物种子为主。禾本科植物种子均为狗尾草属，共24粒，占出土植物种子总数的24%。藜科植物种子共14粒，占出土植物种子的总数14%，其中藜属13粒，猪毛菜属1粒。豆科植物种子均为黄芪属黄芪，共9粒，占出土植物种子总数的9%，此外，还发现有唇形科紫苏属紫苏种子1粒（图2.4）。

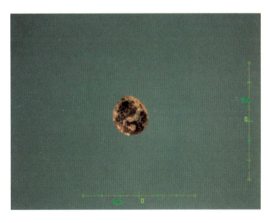

图 2.4　紫苏

1　赵志军：《植物考古学的实验室工作方法》，《植物考古学：理论、方法和实践》，科学出版社，2010 年。

2. 兴隆沟遗址第二地点

兴隆沟遗址位于内蒙古赤峰市敖汉旗兴隆洼镇，地处大凌河支流牤牛河的上游地区，是辽西地区史前文化的典型聚落遗址。2001—2003 年，中国社会科学院考古研究所内蒙古第一工作队对兴隆沟遗址进行了系统发掘。发掘区域包括三个地点：第一地点位于兴隆沟村西南的山前荒坡上，是一处兴隆洼文化中期的大型聚落遗存，距今约 8000—7500 年，在地表上可清晰地观察到近 150 座成排分布的房址灰圈。第二地点位于兴隆沟村东北部的麦田处，为红山文化晚期的环壕聚落遗址，距今约 5300—5000 年。第三地点位于兴隆沟村西南部的坡地上，是一处夏家店下层文化的环壕居住址，距今约 4000—3500 年。[1] 兴隆沟遗址第二地点是本文的重点。

发掘兴隆沟遗址第二地点之后，考古队制定了周密科学的计划，其中了解辽西地区史前生业经济形态便是一项重要的工作，由此也展开了中国第一次系统的植物考古工作，并运用浮选法获取炭化植物遗存。由于报告还未正式出版，赵志军先生仅对浮选工作进行了简要介绍。[2]

兴隆沟遗址第二地点出土的植物遗存数量仅不到 100 粒，主要包括硬果类和鲜果类，例如杜梨、山杏、欧李、橡子、榛子、山核桃等。农作物种子仅见黍和粟，绝对数量非常稀少。从赵志军的简要介绍中可以了解到，兴隆沟遗址第二地点出土的农作物中，黍和粟的比重非常小，硬果类和鲜果类是植物遗存的主要种类。

1　刘国祥：《兴隆沟聚落遗址发掘收获及意义》，《东北文物考古论集》，科学出版社，2004 年。

2　赵志军：《从兴隆沟遗址浮选结果谈中国北方旱作农业起源问题》，《东亚古物》A 卷，文物出版社，2004 年。

3. 哈民忙哈遗址

哈民忙哈遗址位于内蒙古通辽市科尔沁左翼中旗舍伯吐镇东南处，地处西辽河平原东部、科尔沁沙地腹地。2010—2013年，内蒙古文物考古研究所与吉林大学边疆考古研究中心联合对该遗址进行了发掘，发掘面积约7200平方米。遗址均掩埋在科尔沁沙地的风积沙层之下，遗迹主要以房址和灰坑为主，墓葬非常少见。[1]哈民忙哈遗址的文化面貌与牛河梁、东山嘴等红山文化晚期遗存相近，但也具有一定的文化特点，发掘者将其称为哈民忙哈文化。[2]

针对哈民忙哈遗址遗存丰富的特点，孙永刚等利用针对性采样法对文化性质比较明确的房址、灰坑、环壕、灶等进行科学采样，共取得44份样品，共205升。（表2.2）在发掘现场用水波浮选仪进行了植物浮选，植物遗存阴干后，送往中国社会科学院考古研究所植物考古实验室进行种属鉴定。

表2.2　浮选样品采集情况

房址	灰坑	环壕	地层	墓葬	器物	合计
22	7	2	7	1	5	44

1　内蒙古文物考古研究所、科左中旗文物管理所：《内蒙古科左中旗哈民忙哈新石器时代遗址2010年发掘简报》，《考古》2012年第3期。内蒙古文物考古研究所、吉林大学边疆考古研究中心：《内蒙古科左中旗哈民忙哈新石器时代遗址2011年的发掘》，《考古》2012年第7期。阿如娜、吉平：《内蒙古通辽哈民遗址第三次发掘又获重要发现》，《中国文物报》2013年4月26日，第8版。《"哈民史前聚落遗址"再出土500余件史前遗物》，《长春日报》2014年1月21日，第6版。

2　内蒙古文物考古研究所、科左中旗文物管理所：《内蒙古科左中旗哈民忙哈新石器时代遗址2010年发掘简报》，《考古》2012年第3期。

哈民忙哈遗址浮选出土的植物种子数量非常丰富，44份土样中，共浮选出8万多粒植物种子。农作物种子包括黍、粟和大麻三种，非农业种子主要包括藜属、狗尾草属、野稷、马唐、大籽蒿等。（表2.3）

表2.3　浮选出土植物种子统计表

植物种属	绝对数量	数量百分比
黍（Panicum miliaceum）	615	0.08%
粟（Setaria italica）	20	0.002%
大麻（Cannabis sativa L.）	3	0.0004%
藜属（Chenopodium）	66	0.008%
狗尾草属（Setaira）	3	0.0004%
大籽蒿（Artemisia sieversiana）	815632	99.91%
马唐（Digitaria sanguinalis (L.) Scop.）	1	0.0001%
野稷（PanicummiliaceumL. var. ruderaleKit.）	2	0.0002%
合计	816342	100%

哈民忙哈遗址共出土炭化粟20粒（图2.5），仅占农作物总数的3.1%。出土炭化黍615粒（图2.6），占农作物总数的96.4%。除此之外，哈民忙哈遗址还出土了3粒大麻（图2.7），占农作物总数的0.5%。

哈民忙哈遗址出土藜科藜属种子66粒（图2.9），占植物遗存总数的0.008%。出土禾本科狗尾草3粒、马唐1粒、野稷2粒。值得注意的是，哈民忙哈遗址发现了数量惊人的大籽蒿（图2.10），共出土815632粒，占出土植物种子的99.91%。

图 2.5 粟

图 2.6 黍

图 2.7 大麻

图 2.8 菽核

图 2.9 藜

图 2.10 大籽蒿

除了植物种子遗存，哈民忙哈遗址还发现了一定数量的核果。核果通常是指一室单种子的果实，常见的如榛子、板栗、栎果等。哈民忙哈遗址发现了 144 粒保存较完整的菽核（图 2.8），形状

为扁卵形，周边不对称，致密。

哈民忙哈遗址尽管出土了80万粒炭化植物种子，但绝大部分是菊科的大籽蒿，黍、粟和大麻三种农作物仅占出土植物遗存的0.08%。用浮选法所获取的植物遗存，在绝对数量上可能存在一定的误差，因此在对遗址出土的植物遗存进行分析与讨论时，不仅要分析绝对数量，还要对植物遗存的出土概率进行统计（表2.4）。从统计结果看，仅黍的出土概率为25%，粟和大麻的出土概率均低于7%，哈民忙哈遗址中，以黍、粟和大麻为代表的农业遗存所占比重较小，与绝对数量的判断相一致。

表2.4　哈民忙哈遗址出土炭化农作物统计表

	黍	粟	大麻	总计
出土的绝对数量	615	20	3	638
绝对数量的百分比（%）	96.4	3.1	0.5	100
占有样品的数量	11	3	1	44
出土概率（%）	25	6.8	2	100

4. 调查采样的大植物遗存

为了更全面地了解红山文化先民在不同区域的植食策略，孙永刚[1]、贾鑫[2]等对西辽河上游敖汉旗的杜力营子遗址、七家南梁遗

1　孙永刚：《西辽河上游地区新石器时代至早期青铜时代植物遗存研究》，博士学位论文，内蒙古师范大学，2014年。

2　Jia X, Lee Harry F, et al, "Human-environment interactions within the West Liao River Basin in Northeastern China during the Holocene Optimum," *Quaternary International* 428(2016)：899-908.

址，翁牛特旗的敖包山遗址、小洼子遗址、大窝铺遗址采用了剖面采样法取样与浮选（表2.5）。

表2.5　红山文化遗址调查试掘浮选出土植物种子统计表

遗址名称	位置	编号	土量（升）	植物种属		合计
				黍	藜	
杜力营子	敖汉旗	②	7			
七家南梁	敖汉旗	②	5			
七家南梁	敖汉旗	③	8			
敖包山	翁牛特旗	①	9			
小洼子	翁牛特旗	①	7			
大窝铺	翁牛特旗	①-①	6.5		1	1
大窝铺	翁牛特旗	①-②	7	1		1
大窝铺	翁牛特旗	②	7.5			

对这5处遗址进行调查采样时，在8份样品中，发现翁牛特旗大窝铺遗址植物种子仅2粒，包括1粒黍和1粒藜科藜属种子，其他遗址样品中均未发现植物遗存。

剖面采样法不同于网格式采样法和针对性采样法，它不能够系统地呈现遗址中的植物遗存，并且受到遗迹单位保存情况的限制，仅能初步了解遗址内植物遗存的利用情况。从调查采样的数据可知，辽西地区红山文化先民对于农作物的利用是非常稀少的，这种现象与魏家窝铺遗址、兴隆沟遗址第二地点、哈民忙哈遗址的浮选结果大致吻合。

三、淀粉粒研究

经过淀粉粒研究的红山文化遗址共有 5 处，其中 2 处遗址为发掘采样（红山区魏家窝铺遗址、林西县白音长汗遗址），3 处遗址为调查采样（西辽河上游碱沟遗址、罗家营子遗址和三间房遗址）。

1. 魏家窝铺遗址

魏家窝铺遗址位于内蒙古赤峰市红山区文钟镇魏家窝铺村东北部的平缓台地上，遗址和发掘的情况在植物遗存部分已介绍，此处不再重复。

魏家窝铺出土的陶器以平底器为主，还包括少量圜底器和有足器，器类有筒形罐、斜口器、釜、双耳罐、鼓腹罐、钵、鼎等。发掘者在许多平底器内壁发现有细腻的黑色灰烬，并认为红山文化遗址出土的此类平底器多数可能是用来盛装食物的，尤其是作为植物类食材的储藏器。[1]为了解决这个疑惑，王春雪等对魏家窝铺遗址出土的部分平底器进行了淀粉粒分析。为避免污染，他们采用已消毒的金属工具，对陶器表面的附着物进行了提取，同时还采集了与陶器伴生的土壤样品，用于检验对比。[2]

---

1 成璟瑭、塔拉、曹建恩等：《内蒙古赤峰魏家窝铺新石器时代遗址的发现与认识》，《文物》2014 年第 11 期。

2 王春雪、成璟瑭、曹建恩等：《内蒙古魏家窝铺遗址陶器内淀粉粒反映的古人类食谱及相关问题》，《人类学学报》2017 年第 36 卷第 3 期。

表 2.6　魏家窝铺遗址陶器内部发现的淀粉粒统计

样品号	标本名称	样品来源	淀粉粒样品号	样品数	淀粉粒总数（颗）
s005	T2302-3	陶器内表面	ss005	2	6
s006	T2506-4	陶器内表面	ss006	2	5
s009	T2312-2	陶器内黑色灰烬	ss009	4	＞100
s010	T1002-3	陶器内表面	ss010	2	8
s011	T240-3	陶器内黑色灰烬	ss011	3	＞100
s012	T2606-6	陶器内表面	ss012	2	4

　　通过实验，王春雪等从 6 份样品中观测到植物淀粉粒，而与陶器伴生的土壤样品则包含少量植物纤维和无法进行种属和器官部位鉴定的碎屑，明显与陶器内灰烬及陶器内表面中的内容物不同，因此排除了外部污染的可能性。

　　从魏家窝铺遗址平底器表面和灰烬中发现的淀粉粒，根据形态特征可分为 4 个类型：

　　A 类：近圆形颗粒，大部分直径集中于 7 ～ 11μm；偏光镜下呈现消光十字，十字臂窄而直，相交呈直角，脐点居中且闭合，少量见裂隙，层纹不可见，部分个体存在一个或多个小的面。此种形态的淀粉粒呈现出了禾本科粟和黍属植物种子淀粉粒的特征，且更接近于粟。（图 2.11：1、2、3、4、8）

　　B 类：卵形颗粒，直径 20 ～ 30μm，偏光镜下呈现消光十字，十字臂窄而弯曲，相交呈直角，脐点偏心且开放，不见裂隙，层纹清晰可见。该形态的淀粉粒与薯蓣属、百合属和贝母属植物的地下储藏器官产生的淀粉粒最为相似。（图 2.11：5）

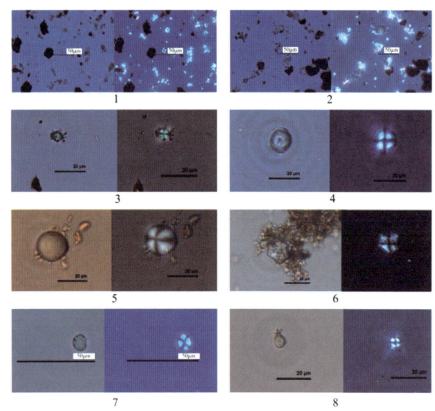

1、2、3、4、8—A 类淀粉粒；

5—B 类淀粉粒；6—D 类淀粉粒；7—C 类淀粉粒。

图 2.11　魏家窝铺遗址陶器内部发现的淀粉粒

C 类：不对称肾形状颗粒，直径 8 ～ 12μm，偏光镜下呈现消光十字，十字臂窄而弯曲，相交呈约 60°角，脐点居中，不见层纹。该淀粉粒曾被描述为来自坚果类植物的果实，如栗子和橡子。（图 2.11：7）

D 类：多边形颗粒，直径 18 ～ 21μm，偏光镜下消光十字臂相互垂直，脐点居中，不见层纹。该颗粒从可见形态上呈现出了某些禾本科植物种子淀粉粒的特征。（图 2.11：6）

在所有淀粉粒种类中，A 类淀粉粒在 6 份样品中均有发现，数量占据淀粉粒总数的绝大多数，显示出粟作在魏家窝铺先民中的生业作用。但值得注意的是，A 类淀粉粒的体积相对小，魏家窝铺先民对作物的管理和维护尚处于初级阶段，表明当时灌溉、种植间隔、播种季节等技术上还存在很多问题。[1]

B 类和 C 类淀粉粒虽然均仅发现一例，但也表明这些食物种类也直接参与了魏家窝铺先民的经济生活，在其饮食结构中占有一席之地。现有证据虽然难以评估各自的比例，但二者毫无疑问地共同承担了为本地居民提供食物来源的重任。[2]

2. 白音长汗遗址

白音长汗遗址位于内蒙古赤峰市林西县双井店乡，坐落在西拉木伦河北岸的西荒山上。山体呈西北—东南走向，由连绵不绝的山丘组成。遗址坐落于山岗东侧的坡地，地面上可见不连续的灰土圈。

1988—1991 年，内蒙古文物考古研究所联合吉林大学考古学系对白音长汗遗址进行了三次发掘，发掘总面积 7264.3 平方米。根据发掘和钻探结果可知，该遗址分为南北两个聚居区，这两个聚居区坐落于同一个连续斜坡上，各自被围沟环绕，相互毗邻。在两区聚落各自凭依的山丘顶部及鞍部，各发现有小型墓地一处，显然与聚落存在密切的关系。[3]

红山文化遗存集中在白音长汗遗址的第四期，发掘遗迹有房

1　王春雪、成璟瑭、曹建恩等：《内蒙古魏家窝铺遗址陶器内淀粉粒反映的古人类食谱及相关问题》，《人类学学报》2017 年第 36 卷第 3 期。

2　王春雪、成璟瑭、曹建恩等：《内蒙古魏家窝铺遗址陶器内淀粉粒反映的古人类食谱及相关问题》，《人类学学报》2017 年第 36 卷第 3 期。

3　内蒙古自治区文物考古研究所：《白音长汗—新石器时代遗址发掘报告》，科学出版社，2004 年。

屋17座、灰坑34座、墓葬6座。房屋基址在两个聚居区内均有发现，建筑类型统一为半地穴式，平面呈凸字形。灰坑以圆形为主。墓葬区分布在南部两座山坡之间的鞍部，包括石板墓和土坑墓两种类型，出土遗物以筒形罐、斜口器、钵、盆、杯等为代表，绝对年代相当于红山文化中期。

为了探讨辽西地区植物资源的利用与社会复杂化的关系，刘莉等对白音长汗遗址不同时期出土的磨盘、磨棒、杵臼等磨制石器进行了淀粉粒分析，其中，从红山文化遗址出土的器物中选取了12件（表2.7）。取样方式均为超声波取样。[1]

表 2.7　白音长汗遗址石器取样统计表

文化年代	样品编号	石器类型	石料	取样方式
红山文化中期	GS11	磨板	英安岩	超声波取样
	GS12	磨盘	花岗岩	
	R7	磨棒	流纹岩	
	R8	磨棒	未知	
	R9	磨棒	砂岩	
	R10	磨棒残块	砂岩	
	R11	磨棒残块	砂岩	
	R12	磨棒	砂岩	
	R13	磨棒	砂岩	
	R14	磨棒	砂岩	
	R15	磨棒	可能石灰岩	
	R16	磨棒	未知	

1　Liu Li, Duncan Neil A, et al, "Plant-basedsubsistence strategies anddevelopment of complex societies in Neolithic Northeast China: Evidence from grinding stones," *Journal of Archaeological Science: Reports* 7(2016): 247 - 261.

在白音长汗遗址红山文化时期的石器表面，可观察到淀粉粒共398粒，根据形态特征可分为10个类型（表2.8）。

表 2.8　白音长汗遗址出土石器表面发现的淀粉粒统计

编号	I	II	III	IV	V	VI	VII	VIII	IX	X	不确定	破损的	总数
	百合	蛇瓜	山药	薏米	粟	黍	禾本科	水稻	豆科	栎属			
GS11										1	1	2	2
GS12											1	1	2
R7	3			13			1				6	19	29
R8				56	6	4	39	88			16	78	216
R9	4										10	13	14
R10	5			6		1	3				13	16	28
R11	4	1			1							3	6
R12	2			3			2				4	8	11
R13	2			16	2		8				12	33	40
R14							1				5	6	6
R15	8	1		3	3							9	31
R16	2						1		2		5	9	14
总数	30	2		97	12	5	55	88	2	1	73	197	398
比重（%）	7.5	0.5		24.4	3.0	1.3	13.8	22.1	0.5	0.3	18.3	67.7	100
出土概率（%）	66.7	16.7		50.0	33.3	16.7	58.3	8.3	8.3	8.3	83.3		100

I类：发现有30粒，占淀粉粒总数的7.5%，出土概率为66.7%。此种形态的淀粉粒呈现出百合属的特征，与内蒙古地区现存的细叶百合和卷丹百合类似。（图2.12:1、2）

II类：发现有2粒，占淀粉粒总数的0.5%，出土概率为

16.7%。此种形态的淀粉粒呈现出葫芦科的特征，与内蒙古地区现存的栝楼属蛇瓜类似。（图2.12:3、4）

Ⅳ类：发现有97粒，占淀粉粒总数的24.4%，出土概率为50%。此种形态的淀粉粒呈现出薏米的特征。薏米与粟、黍的淀粉粒有共同特征，刘莉等根据统计模型，判断其成功率为80%。薏米的野生种原产于南方的热带与亚热带地区，后在西辽河地区出现，应是作为栽培作物引入的。（图2.12:6）

Ⅴ类：发现有12粒，占淀粉粒总数的3%，出土概率为33.3%。此种形态的淀粉粒呈现出粟的特征。（图2.12:7）

Ⅵ类：发现有5粒，占淀粉粒总数的1.3%，出土概率为16.7%。此种形态的淀粉粒呈现出黍的特征。（图2.12:8）

Ⅶ类：发现有55粒，占淀粉粒总数的13.8%，出土概率为58.3%。此种形态的淀粉粒呈现出禾本科小麦族的许多属种特征，与内蒙古地区现存的蒙古扁穗冰草和沙生冰草具有相似性。（图2.12:9）

Ⅷ类：发现有88粒，占淀粉粒总数的22.1%，出土概率为8.3%。此种形态的淀粉粒与水稻特征一致。（图2.12:10）

Ⅸ类：发现有2粒，占淀粉粒总数的0.5%，出土概率为8.3%。此种形态的淀粉粒呈现出豆科植物的特征，与野豌豆存在相似性。（图2.12:11）

Ⅹ：发现有1粒，占淀粉粒总数的0.3%，出土概率为8.3%。此种形态的淀粉粒呈现出栎属植物的特征，与辽西地区现存的辽东栎和蒙古栎相似。（图2.12:12）

此外，不能识别具体科属且无法具体归类的淀粉粒有73粒。值得注意的是，197粒淀粉粒显示出损坏迹象，占淀粉粒总数

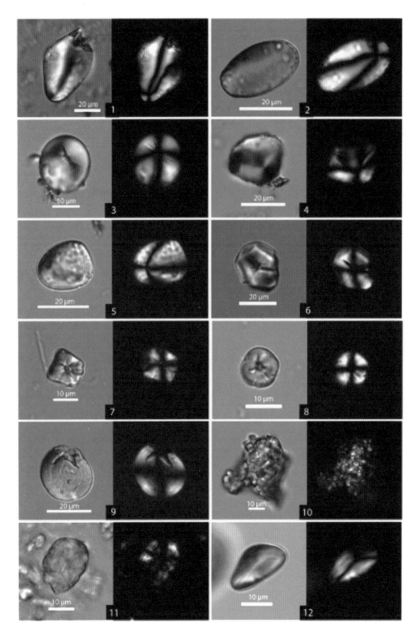

1、2—Ⅰ类；3、4—Ⅱ类；5—Ⅲ类；6—Ⅳ类；

7—Ⅴ类；8—Ⅵ类；9—Ⅶ类；10—Ⅷ类 11—Ⅸ类；12—Ⅹ类。

图 2.12　白音长汗遗址出土石器表面发现的淀粉粒

67.7%。这些淀粉粒的特征是表面粗糙、深裂，消光十字处具有明显的薄片或暗区。天然淀粉粒不会存在任何高比重的受损，受损明显的地方应是人为干预（研磨）所致。[1]

薏米、小麦族、百合属、水稻、粟、黍、葫芦科、豆科和栎属是白音长汗先民利用的植物种类。从绝对数量观察，薏米和水稻的比重最高，小麦族和百合属的比重次之，粟、黍、豆科、葫芦科、栎属等的比重最低。从出土概率观察，百合属、禾本科和薏米的比重最高，粟、葫芦科和黍的比重次之，水稻、豆科等的比重普遍性相对较低。综合两种量化结果，可见农作物和野生植物均是白音长汗先民植物资源利用的种类，多样化的广谱经济是白音长汗先民植食资源利用的主要策略。

3. 调查采样的淀粉粒

为了更全面地了解红山文化先民的植食策略，探讨植物野生性状在长期种植过程中发生的变化，马志坤等对西辽河上游红山文化时期的碱沟、罗家营子、三间房 3 处遗址进行了调查和采样。采样的标本均为适合淀粉粒分析的磨棒，其中碱沟遗址和三间房遗址的样品取自文化层堆积，罗家营子遗址的样品取自地表采集。[2]

在 3 处红山文化遗址采集的磨棒表面，可观察到淀粉粒共303 粒，根据形态特征可分为 10 个类型。（表 2.9）

1　Liu Li, Duncan Neil A, et al, "Plant-basedsubsistence strategies anddevelopment of complex societies in Neolithic Northeast China: Evidence from grinding stones," *Journal of Archaeological Science: Reports* 7(2016): 247 - 261.

2　马志坤、杨晓燕、张弛等：《西辽河地区全新世早中期粟类植物利用》，《中国科学：地球科学》2016 年第 46 卷第 7 期。

表 2.9　三处遗址出土石器表面发现的淀粉粒统计

编号	取样部位	A 类			C 类	D 类	E 类	总数
		A1	A2	A3				
HS1	使用面	3	15	35	2	0	1	56
	非使用面	0	5	5	0	0	0	10
HS2	使用面	1	32	18	0	1	0	52
	非使用面	0	7	5	1	0	0	13
HS3	使用面	2	20	12	0	0	1	35
	非使用面	1	15	10	0	0	0	26
HS4	使用面	1	18	13	0	0	1	33
	非使用面	1	15	9	0	0	0	25
HS5	使用面	2	18	7	0	0	0	27
	非使用面	1	10	2	1	0	0	14
HS6	使用面	0	8	2	0	0	1	11
	非使用面	0	0	1	0	0	0	1
总数		12	163	119	4	1	4	303
比重（%）		3.9	53.8	39.3	1.3	0.4	1.3	100
出土概率（%）		66.7	91.7	100	25	8.3	33.3	

A 类：发现有 294 粒，占淀粉粒总数的 97%。此种形态的淀粉粒呈现出粟、黍及狗尾草属等粟类植物的特征，对该类的淀粉粒还可作进一步细分，即 A1 类：具备表面褶皱和边缘粗糙的野生性质粟类植物。A2 类：粒径大于 16.8m 的驯化型粟（图 2.13：c）。A3 类：其他来自粟类植物的淀粉粒。其中发现 A2 驯化型粟有 163 粒，占淀粉粒总数的 53.8%，出土概率为 91.7%；发现 A1 野生性质粟类植物有 12 粒，占淀粉粒总数的 3.9%，出土概率为 66.7%；发现 A3 其他粟类植物有 119 粒，占淀粉粒总数的

39.3%，出土概率为 100%。

C 类：发现有 4 粒，占淀粉粒总数的 1.3%，出土概率为 25%。此种形态的淀粉粒呈现出现代大麦属的特征。（图 2.13：e 和 f）

D 类：发现有 1 粒，占淀粉粒总数的 0.4%，出土概率为 8.3%。此种形态的淀粉粒呈现出食用豆类植物的特征。（图 2.13：g）

E 类：发现有 4 粒，占淀粉粒总数的 1.3%，出土概率为 33.3%。此类淀粉粒并不能识别其具体科属，更无法具体归类。

为了判断石器表面是否存在后期污染，马志坤还将存储器物库房内的尘土作为对比样品，并对石器的使用面和非使用面进行采样。经过实验分析，在库房尘土样品中，未提取出淀粉粒，6 件磨棒非使用面提取的淀粉粒数量均少于使用面提取的淀粉粒数量，表明本次实验提取到的淀粉粒绝大部分是在使用磨盘和磨棒过程中附着并留存下来的。此外，多数淀粉粒表面可见明显的损伤特征，如表面出现破损（图 2.13：h 和 i）、消光区域变得模糊（图 2.13：j 和 k）等，这些特征与经受研磨的淀粉粒特征相似，这也间接表明提取的淀粉粒是在使用器物过程中附着并保留下来的。[1]

粟、野生粟类、大麦属和豆类是红山文化先民利用的植物种类。从绝对数量观察，粟和野生粟类的比重最高，大麦属和食用豆类的比重相对较低。从出土概率观察，野生粟类和粟的比重最高，大麦属和食用豆类的比重相对较低。综合两种量化结果，可知农作物和野生植物均是碱沟、罗家营子、三间房先民植物资源利用的种类，多样化的广谱经济是红山文化先民植食资源利用的主要策略。

1　马志坤、杨晓燕、张弛等：《西辽河地区全新世早中期粟类植物利用》，《中国科学：地球科学》2016 年第 46 卷第 7 期。

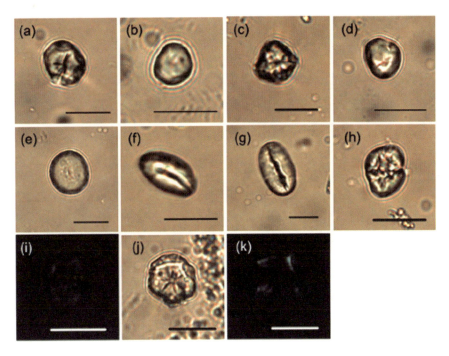

（a）（b）（c）—A类淀粉粒；（e）（f）—C类淀粉粒；（g）—D类淀粉粒；
（h）（i）—表面损伤的淀粉粒；（j）（k）—十字消光减弱的淀粉粒。

图 2.13　三处红山文化遗址出土石器表面发现的淀粉粒

四、红山文化植食结构和资源利用

经过植物考古学研究的红山文化遗址共有 13 处，此研究主要以植物大遗存研究和淀粉粒研究为主。植物大遗存研究，尤其是系统的植物采样，可以全面地呈现研究对象的植物结构。淀粉粒研究，受其采样对象和数量的影响，难以系统地显示植物资源的种类和比重，但可以揭示植物大遗存无法呈现的植物种类。因此，两种研究方法的结合，可以科学地认识红山文化的植食结构和资

源利用。

从浮选结果看，魏家窝铺遗址农作物比重为33%，出土概率仅占7%；兴隆沟遗址第二地点农作物比重非常稀少；哈民忙哈遗址农作物比重为0.08%，出土概率最高仅占25%。对5处遗址进行调查和采样时，在8份样品中仅发现农作物1粒。无论是绝对数量还是出土概率，农作物的占比在红山文化诸遗址的植食结构中非常薄弱。

以粟、黍为代表的旱作农业在小河西文化中便已经出现，对南湾子北、小河西和榆树山3处遗址进行调查采样时，在29份样品中仅发现炭化黍3粒。[1]兴隆洼文化兴隆沟遗址第一地点农作物比重为42.1%，[2]南湾子北遗址农作物比重为4.17%，[3]在四道杖房、营子东、营子西、大洼子、丁家窝铺和盆瓦窑6处遗址12份样品中仅发现农作物3粒。[4]赵宝沟文化敖东遗址第二地点农作物比重为35.3%，[5]在小善德沟、哈拉海注、杜力营子3处遗址7份样品中仅发现农作物4粒。[6]从植物遗存的数据可见，从小河西文化到红山文化时期，辽西地区植物资源的利用策略并没有发生明显的变化，农作物在植食结构中的比重非常薄弱，农业经济始终处于初始阶段。这种植食策略直到夏家店下层文化时期才发生了明显

1　孙永刚：《西辽河上游地区新石器时代至早期青铜时代植物遗存研究》，博士学位论文，内蒙古师范大学，2014年。

2　赵志军：《从兴隆沟遗址浮选结果谈中国北方旱作农业起源问题》，《东亚古物》A卷，文物出版社，2004年，第187—199页。

3　孙永刚：《辽西地区新石器时代植物考古研究》，上海古籍出版社，2021年。

4　孙永刚：《西辽河上游地区新石器时代至早期青铜时代植物遗存研究》，博士学位论文，内蒙古师范大学，2014年。

5　孙永刚：《辽西地区新石器时代植物考古研究》，上海古籍出版社，2021年。

6　孙永刚：《西辽河上游地区新石器时代至早期青铜时代植物遗存研究》，博士学位论文，内蒙古师范大学，2014年。

的转变[1]，研究者对兴隆沟[2]、二道井子[3]和三座店[4]3处遗址均进行了系统的植物浮选，农作物比重均达到炭化植物种子总数的90%以上，农业经济首次成为辽西地区植食资源的主要选择。

1. 农作物的利用

红山文化遗址出土的农作物种类包括黍、粟、大麻、水稻以及可能作为农作物的薏米。

黍、粟均属于黍亚科狗尾草属，为一年旱生草本植物。二者均具有耐旱、耐瘠的特点，是干旱、半干旱地区的主要栽培作物。西辽河流域的粟作种植可能源于小河西文化时期，由于样品仅是调查采样，黍是否是栽培作物，还处于驯化过程中，还有待对典型遗址进行系统采样和分析。兴隆洼文化遗址出土了大量黍、粟，兴隆沟遗址第一地点和南湾子北遗址出土的黍粒仍然保留着较为浓厚野生的祖本特征，但已经明显区别于青狗尾草，应为栽培作物进化过程中的初期品种。赵宝沟文化敖东遗址第二地点和红山文化魏家窝铺遗址、兴隆沟遗址第二地点出土黍、粟的大小、形态特征与现代种子基本一致，已经具备了成熟作物的特征。黍类谷物在漫长的栽培进化过程中，其籽粒的演化趋向应该是逐渐由小变大、由长变圆、由瘪变丰满。[5]这使得人们认识到了农耕文化

1　常经宇：《辽西地区新石器时代晚期至青铜时代早期动物资源的获取和利用》，《干旱区资源与环境》2021年第35卷第7期。

2　农业研究课题组：《中华文明形成时期的农业经济特点》，《科技考古》第3辑，科学出版社，2011年。

3　孙永刚、赵志军、曹建恩等：《内蒙古二道井子遗址2009年度浮选结果分析报告》，《农业考古》2014年第6期。

4　农业研究课题组：《中华文明形成时期的农业经济特点》，《科技考古》第3辑，科学出版社，2011年。

5　赵志军：《探寻中国北方旱作农业起源的新线索》，《中国文物报》2004年11月12日，第7版。

横向传播或纵向继承有时候会展现出发展不均衡的这一特性；同时使得人们更加相信"农耕经济是属于由狩猎采集经济逐步演变而来的，是量化的过程，并不是一场革命"[1]。

　　值得注意的是，魏家窝铺遗址中，粟类作物比重为64.7%，黍类作物比重为35.3%，而哈民忙哈遗址中，黍的数量为315粒，粟的数量仅为20粒，两处遗址呈现出完全不同的农作物选择。在3处小河西文化遗址仅见3粒炭化黍；在兴隆洼文化时期的兴隆沟遗址第一地点中，黍类作物比重为96%，在南湾子北遗址仅见11粒黍，对5处遗址进行调查采样时，仅见3粒黍。从浮选数据可见，在农作物漫长的驯化阶段，黍一直是辽西地区旱作农业的主要选择。

　　相对粟而言，黍更耐贫瘠，适宜首垦或复种，而且对水热资源的要求很低，可以利用短暂的雨季完成生长发育，并获得相当可观的产量。相对黍而言，粟的黏性小、籽粒性强，在口感上略优于黍，在种植条件相似的情况下，人们会优先选择适于食用的粟。但是，在未完全驯化和掌握农作物种植技术阶段，辽西地区先民会选择产量更高、种植更容易的黍作为农作物。而当人们完全掌握粟类作物驯化后，农作物的选择便相对多样。赵宝沟文化时期的敖东遗址第二地点出土黍1粒、粟5粒，在经过调查采样的3处遗址中，见黍1粒，粟3粒，粟的比重首次超过了黍。在红山文化时期的魏家窝铺遗址中，粟类作物比重为64.7%，而哈民忙哈遗址的黍类作物比重为94%，可见红山文化先民已经实现了更为多元的农作物种植选择。值得注意的是，哈民忙哈遗址位于科

1　赵志军：《探寻中国北方旱作农业起源的新线索》，《中国文物报》2004年11月12日，第7版。

尔沁沙地南缘，而魏家窝铺遗址位于丘陵地带，不同的生业环境可能会促使红山文化先民因地制宜地选择适宜的品种。

水稻，一年水生草本植物。水稻虽然与粟、黍一样对种植温度要求不高，但需水量较大，需加强田间管理，是一种依赖深耕和灌溉的农业系统。不同于粟、黍在地缘传播上的广泛性，水稻种植区域的拓展受到水资源的严重制约，但在水资源充沛的地区，水稻种植却成为稳定和可口的植食供给。水稻仅发现于白音长汗遗址的淀粉粒研究中，在大植物遗存中未曾发现。由于水稻淀粉粒占白音长汗遗址淀粉粒总数的 22.1%，因此水稻的价值不容忽视。

作为热带和亚热带作物，水稻最早见于长江下游的上山文化。华北地区最早的炭化水稻发现于河南的贾湖和山东的月庄、西河等遗址。仰韶文化时期的驯化水稻在黄河流域变得非常普遍。辽宁文家屯遗址的水稻植硅体显示，公元前 4000 年，水稻已经到达辽东半岛。由于仅在白音长汗遗址发现少量水稻植硅体，因此尚不清楚水稻是红山文化先民种植还是从其他地方交换所得。由于随后没有发现辽西地区小河沿文化和夏家店下层文化时期水稻的证据，因此水稻在白音长汗遗址中的偶然出现并不意味着辽西地区先民的植食结构发生了巨大变化，可能更多与红山文化的社会复杂化存在关联。[1]

哈民忙哈遗址中还出土了 3 粒大麻种子。大麻是我国古代极为重要的一种经济类作物，大麻的纤维可以纺织和制作麻布，其

1 Liu Li, Duncan Neil A, et al, "Plant-basedsubsistence strategies anddevelopment of complex societies in Neolithic Northeast China: Evidence from grinding stones," *Journal of Archaeological Science: Reports* 7(2016): 247 - 261.

种子可榨油或入药，是先秦典籍中所记述的五谷之一。中国典籍中，最早记述大麻的文献当属《诗经》，据统计出现了7次。《豳风·七月》"禾麻菽麦"；《王风·丘中有麻》"丘中有麻，彼留子嗟"；《陈风·东门之池》"东门之池，可以沤麻"；《陈风·东门之枌》"不绩其麻，市也婆娑"等等。从《诗经》对大麻的记载来看，先秦时期对大麻的利用主要包括食用与提取纤维等，比如"禾麻菽麦"一句，粟、豆、麦都是西周时期西北地区的主要栽培作物，麻与农作物粟、大豆、麦并列，说明麻应该也是当时主要食物来源之一。而"东门之池，可以沤麻"所反映的应该是用作提取纤维和纺织原料。由于夏家店下层文化遗址有浮选出土大麻，因此大麻在红山文化时期并不是偶然出现，应该是辽西地区农作物结构的重要组成。

薏米，禾本科薏苡属植物。薏米在中国、日本和越南广泛种植，是传统的药食兼用谷物资源。薏米仅发现于白音长汗遗址的淀粉粒研究中，绝对数量占淀粉粒总数的22.1%，出土概率达50%。刘莉等根据统计模型，判断其为薏米的成功率为80%，认为白音长汗遗址出土的薏米应是作为栽培作物引入。但由于辽西地区及其相近地区并未发现薏米，因此这类淀粉粒是否明确为薏米，以及是否作为农作物引入，还需要更多证据。

2. 野生植物的利用

广谱的植食策略使红山文化先民具备了广泛的植物资源种类，不仅包括农作物，也包括野生的果实类和杂草类。杂草是相对于农作物而言的，除了自然环境偶然带入遗址外，也包括人类食用、药用采集。果实类包括蕤核和栎属；杂草类包括狗尾草属、猪毛菜属、藜属、黄芪、紫苏、野稷、马唐、大籽蒿、百合属和贝母属等。

蕤核为蔷薇科扁核木属的一种多年生落叶灌木，《本草经》名为"蕤核"，《救荒本草》名为"蕤李子"。蕤核属于丛生型灌木，多生长于干旱、半干旱区，对水土保持具有极大的利用价值。蕤核的果实可以食用，也可用来酿酒，曾是著名的宫廷贡品。《野菜博录》记载，蕤核"俗名蕤李子，其核仁味甘，性温，微寒，无毒，其味甘酸，摘取其果红紫色熟者食之"[1]。

　　栎属的种子，称为橡子，有110多种分布于我国不同地区。橡子的营养价值因种而异，一般来说，橡子内含有脂肪和碳水化合物，其蛋白质含量可与玉米和土豆媲美。据史料记载，橡子的利用模式可包括以下几种：作为灾荒饥粮，政府组织或百姓自发地采食橡子；作为主食，拾橡为生；为零食，制作时令佳肴；为染料，例如"橡子竹褐"；作为饲料，通常是养猪。[2]

　　狗尾草属为一年生草本植物，适生性强，耐旱耐贫瘠，酸性或碱性土壤均可生长，在我国分布较广泛。种子外面有细毛，具有一定的药用价值。同时，狗尾草在古代也是救荒的重要植物之一。据《救荒本草》记载，莠草子（王作宾认为是禾本科狗尾草属植物狗尾草）"生田野中。苗叶似谷，而叶微瘦。梢间结茸细毛穗。其子比谷细小，舂米类折米。熟时即收，不收即落。味微苦，性温。救饥：采莠穗，揉取子捣米，作粥或作水饭，皆可食"[3]。

　　藜属，俗称灰菜、大叶灰菜等。多生于农田、果园、菜园、路边、

　　1　[明]鲍山编《野菜博录》，王承略点校，山东画报出版社，2007年，第387页。

　　2　陈国鹏、陈胜前：《浙江地区新石器时代的橡子利用：民族史志的视角》，《北方民族考古》第7辑，科学出版社，2019年。

　　3　[明]朱橚撰《救荒本草校注》，倪根金校注，张翠君参注，中国农业出版社，2008年，第172页。

宅旁和荒地，分布于我国及世界各地。幼苗可作蔬菜用，全草可入药用，可止泻、止痒等。调查资料显示，现在一些地区仍在食用藜类植物，尤其在春、夏季采嫩茎叶，先用开水烫过，再用清水泡数小时后，即可炒食或做汤。其种子可榨油，在果实收获成熟后，割取全株，晒干，收取种子，去杂，放干燥通风处备用。

猪毛菜属，亦称扎蓬棵、山叉明棵等。猪毛菜适应性、再生性及抗逆性均强，为耐旱、耐碱植物，有时成群丛生于田野、路旁、沟边、荒地、沙丘或盐碱化沙质地，为常见的田间杂草。将其嫩茎叶加工后即可食用。种子可榨油，供食用，也可酿酒。果期全草可入药用，治疗高血压，效果良好。同时，猪毛菜还是中等品质饲料。

黄芪，古时称作"黄耆"，主要生长于盐碱地、沙质地、砾石沙地及山坡上。喜凉爽，耐寒耐旱，怕热怕涝，适宜在土层深厚、富含腐殖质、透水力强的沙壤土里种植。黄芪的幼苗可以采食，《救荒本草》记载："黄芪，一名戴糁，一名独椹……今处处有之。采嫩苗焯熟，换水浸淘，洗去苦味，油盐调食。药中补益，呼为羊肉。"[1]黄芪的种子与根，可以入药，具补肝肾、固精明目等功效。

紫苏，别名苏子、白苏、野苏、红苏等。紫苏适应性很强，对土壤要求不严，排水良好，在沙质壤土、壤土、黏壤土，房前屋后、沟边地边及肥沃的土壤上均可栽培，生长良好。紫苏的叶、梗和籽粒均能食用，同时，紫苏也是常见的中草药。"四川、贵州省的群众实验证明，紫苏油饼可用作饲料，各种畜禽均喜食；提取芳香油后的茎叶，亦可用作猪、禽饲料"[2]。

1　［明］朱橚撰《救荒本草校注》，倪根金校注，张翠君参注，中国农业出版社，2008年，第17页。

2　赵培洁、肖建中：《中国野菜资源学》，中国环境科学出版社，2006年，第252页。

马唐，禾本科马唐属，一年生草本。马唐广泛分布于我国南北各个省区以及全世界温热带地区。多生长于田间、草地和荒野路旁，具有超强的繁殖能力，是优质的牧草。马唐种子可制作淀粉。

野稷，多生于路旁、荒野湿处。分布于我国东北、华北、华东、华南以及朝鲜、日本和俄罗斯等地。狗尾草、马唐和野稷等禾本科植物种子都生长于路旁、田野，是家畜的饲料和优质牧草，但也是危害农田的杂草。

在哈民忙哈遗址出土的植物遗存中，有数量惊人的大籽蒿。大籽蒿，亦称白蒿，多生长于田边、路旁、山坡、沙质河岸和村落附近。据《野菜博录》记载："生荒野中。苗高二三尺。叶如细丝，似初生松针，色微青白，稍似艾香。味微辣。采嫩苗叶焯熟，换水浸淘净，油盐调食。"[1]

百合属为多年生草本球根植物，我国原产有55种。百合属耐干旱，对土壤要求不甚严格。百合花的球根鳞茎含丰富淀粉质，部分更可作为蔬菜食用；在我国，将百合的球根晒干后即可用来煮汤，而且植株的多个部分可入药。有的种类作药用，有的种类花含芳香油，可提取之，用作香料。

贝母属为多年生草本，我国约有30余种。贝母属绝大多数种类的鳞茎可供药用，统称"贝母"，含有数种贝母素，有清热润肺、化痰止咳之效。

---

1 ［明］鲍山编《野菜博录》，王承略点校，山东画报出版社，2007年，第81页。

第三章　红山文化动物资源的利用

　　同植物资源一样，动物资源与人类的生存和发展也有着密切的联系。动物考古学是指对考古遗址中出土的动物遗存进行研究的学科。[1] 全面、科学、系统地对古代遗址中发现的动物遗存进行收集，开展观察、测量、鉴定、测试及各种统计分析，并结合考古学文化背景，认识古代人类对动物资源利用的策略以及遗址点的气候环境特征，进而研究古代社会的经济和文化生活，探讨人类文明演进的历史。

　　动物考古学有三项主要研究目标，一是确认不同时空下共生的动物种类；二是重建古代的自然环境；三是探讨人与动物的相互关系。确认存在于不同时空的动物种类的前提，首先要分辨动物遗存是否经过后来动物的扰乱，对未经过扰乱活动的动物骨骼特征进行鉴定，明确其是野生还是家养的。重建古代的自然环境是在综合不同遗址动物组合特征的基础上，对它们栖息环境进行分析研究。人与动物的相互关系是在考古学文化框架中探索人对动物的肉食利用、次级产品利用以及附属产品

1　袁靖：《中国动物考古学》，文物出版社，2015年。

的利用状况等。

　　动物考古学的出现与均变论、埋葬学和文化生态学密切相关。均变论是动物考古学的基本理论，它认为地球的变化古今一致，地质发展缓慢而渐进，动物的进化和栖息环境也相似，因此可以根据现生动物的骨骼形态和栖息环境，推导古代动物遗骸。埋藏学是对生物体死亡、风化、搬运和堆积的发展过程及其影响因素的专门研究，因此，根据埋藏学的理论，可以研究动物遗骸埋葬过程中发生的不同变化和原因。文化生态学强调人与生物之间的生态关系。在分析动物资源对人类社会的贡献时，还必须认识到人类对动物的驯化和改造以及两者同自然、文化间的互动关系。

一、动物考古学的研究方法

　　1. 样品的采集

　　在动物考古学研究中，样品采集的目的和方法至关重要。最为常见的采集方法包括全面采集、抽样采集和整体提取。[1]

　　全面采集是指在人为划定的范围内，对肉眼可见的所有动物遗存进行收集。这种方法是动物考古学研究最常用的采集方法，它可以较为全面掌握划定区域内动物遗存的数量和种属。

　　抽样采集是指在遗址中选择具体的埋藏遗迹，如房址、灰坑、灶址等，用干筛和水筛的方法采集。抽样采集的优点是可以采集到肉眼容易疏忽的细小遗存，如鱼、鸟和鼠类的遗骸，不足是需要耗费较多的时间和资金。遗迹不同，所呈现的背景也完全不同，因此采样中要有明确的采样目的。

1　袁靖：《中国动物考古学》，文物出版社，2015 年。

整体提取是指采用套箱的方法提取完整的动物骨架，便于日后开展研究与展览。

2. 样品的鉴定

骨骼鉴定是动物考古学的基础工作，包括动物的种属、家养情况、年龄、性别、身体部位等。

种属的鉴定必须依靠两种足够的标本数据库，[1] 一种是现生动物骨骼标本库，另一种是出土动物骨骼标本库。在动物相对缓慢的进化速率下，利用这两种标本数据库开展比较研究，对于准确鉴定动物种属十分重要。

家养与否是动物考古学最重要的鉴定内容。袁靖先生建立了一套系统的家养动物判断依据，主要依据形体特征观察和几何形态测量的方法。形体特征观察法可准确把握动物的牙齿和骨骼的形态特征，几何形态测量法即研究生物体的大小、形状和比例情况。

动物年龄的鉴定依据不同动物种属，采用不同的鉴定方法。哺乳动物的测量方法相对较多[2]：其一可以依靠肢骨骨骺的愈合状况，根据现生动物的愈合时间表创建粗略的年代估量表；其二可以依靠牙齿的萌生和磨损状态，结合现生动物牙齿萌生的时间表进行判断；其三可以依靠头骨的骨缝；其四，可以依靠牙齿骨质

1 袁靖：《中国动物考古学》，文物出版社，2015 年。

2 Koike H, Outaishi N, "Prehistoric hunting pressure estimated by the age composition of excavated Sika Deer (Cervus nippon) Using the Annual Layer of Cement," *Journal of Arehaeological Science* 12(1985): 443-456.

的生长增量。瓣鳃纲主要根据贝壳的生长线推测。[1]硬骨鱼纲主要依据咽齿的大小推测。[2]

动物性别的鉴定相对困难，对于哺乳纲动物，具有性别特征的部位包括犬齿、角、盆骨和头骨等。比如，雄性马的犬齿非常大，雌性要么没有，要么非常退化；牛科雄性角相对发达，而雌性通常没有，或者与雄性具有显著差异。

3. 样品的分析

动物遗存的分析视角较为多样，通过最少个体数量和可鉴定标本的数量来相对客观地呈现数据的可信度。一般来说，动物残骸的分析方向可以分为肉食结构、骨骼单元、次级产品、附属产品、生态和气候等。

肉食结构是指人类食用的各种动物所提供的肉量及所占比例。[3]这样的统计结果可以比较客观地反映当时人类获取肉类资源的具体情况，可以避免骨骼定量分析带来的误差。对于肉食结构的分析，学界常用的方法是根据最小个体数和动物骨骼的重量进行还原。最小个体数复原是先通过文献求得各种动物的平均体重，然后根据每只动物的出肉率计算动物提供的纯肉量，最后乘以最小个体数，对该遗址的肉食结构做出最保守估计。动物骨骼重量复原是先对场地内的动物骨骼进行称重，然后按比例计算动物的

1　Koike H, Outaishi N, "Prehistoric hunting pressure estimated by the age composition of excavated Sika Deer (Cervus nippon) Using the Annual Layer of Cement," *Journal of Arehaeological Science* 12(1985): 443-456.

2　中岛经夫、中岛美智代、孙国平、中村慎一：《田螺山遗址 K3 鱼骨坑内的鲤科鱼类咽齿》，北京大学中国考古学研究中心、浙江省文物考古研究所编：《田螺山遗址自然遗存综合研究》，文物出版社，2011 年，第 206-236 页。

3　杨杰：《古代居民肉食结构的复原》，《考古与文物》2007 年第 6 期。

总重量，再根据出肉率计算总肉量，从而计算出不同动物的相对比例。

骨骼单元是指不同部位骨骼在遗址中的分布和所占比例。不同部位骨骼的肉质和肉量存在差异，因此，根据骨骼单元的分布，尤其是屠宰和废弃行为产生的骨骼比重差异，可以了解动物是否在当地屠宰食用，是否存在跨区域供应现象。

次级产品是除牛、羊等肉食品外可提供的牛奶、羊毛、畜力等非主食性食品。[1] 次级产品的开发可以扩大人们对动物资源的利用，对古代社会特别是复杂社会的发展有着极其重要的影响。英国动物考古学家佩恩对家养羊的屠宰方式进行了深入研究，他认为以产肉、奶、毛为目的的屠宰与家羊的死龄密切相关[2]：如果养羊的主要目的是获得肉，那么当家羊达到最佳产肉年龄时，人们会杀死大部分年轻羊，只留下一部分公羊以繁殖后代；如果养羊的主要目的是获得奶，那么人们会杀死大部分两个月内的公羊，而将大部分母羊作为奶羊；如果养羊的主要目的是获得羊毛，那么人们就会留下更多的成年个体，而杀掉 6-7 岁容易掉毛的老年羊。佩恩提出的三种屠宰模式是建立在理想条件下，但实际情况会略有变化。人们饲养羊的目的通常不限于单一产品，因此对于屠宰方式和畜养目的的研究应该综合多种可能性。

附属产品是指除主产品和次级产品外，以骨、牙、角为代表

1　Greenfield H.J, "A reconsideration of the secondary products revolution in south-eastern Europe: on the origins and use of domestic animals for milk, wool, and traction in the central Balkans," in The Zooarchaeology of Fats, Oils, Milk and Dairying(Oxford:Oxbowbooks,2005), p.14-31.

2　Payne S, "Kill-off Patterns in Sheep and Goats: the Mandibles from Aşvan Kale," *Anatolian Studies* 23(1973): 281-303.

材料制作的工具和装饰品。骨器在早期社会具有重要的文化和生产意义，骨器研究通常围绕原材料的种属、部位和加工技术等方面展开，并在此基础上探讨骨器的发展演变和骨制品生产的专业化情况。

随葬或埋葬动物是先秦遗址中常见的一类重要遗迹现象。动物种属鉴定是动物考古学的基本内容，在考古学和历史学的语境下研究动物祭祀的内涵和意义，是动物考古学前进的一大方向。

环境研究是动物考古学的基础内容。通过动物遗物组合的鉴定，可以初步重建相关动物的栖息环境；通过研究一些高气候敏感性的动物，如贝壳和啮齿类，可以预测当时的气候和降水。此外，根据一些候鸟、幼年动物、软体动物、贝类等可以推测遗址使用的季节性问题。

二、动物遗存研究

经过动物考古学研究的红山文化遗址共有 6 处，其中 4 处遗址经过系统的动物分析，即林西县白音长汗遗址、红山区魏家窝铺遗址、科尔沁左翼中旗哈民忙哈遗址、朝阳市牛河梁遗址；2 处遗址经过简单的动物鉴定，即喀左县东山嘴遗址、红山区红山后第二住地。

1. 白音长汗遗址

白音长汗遗址位于内蒙古赤峰市林西县双井店乡，坐落在西拉木伦河北岸的西荒山上。

在遗址发掘的同时，汤卓炜等对肉眼所见的动物骨骼进行了全面采样，并依据动物骨骼标本，对动物遗存的种属、家养、性别、

年龄和部位等问题进行了系统鉴定。[1]此次发掘共获得红山文化时期的动物标本约144件，动物种属至少有12种，包括马鹿、斑鹿、狍、野猪、野牛、熊、狗、狗獾、野兔、鸟和东海舟蚶等，其中家养动物仅见狗。（表3.1、表3.2）

马鹿的可鉴定标本数为55件，占可鉴定标本总数的38.2%；最小个体数为4件，占最小个体总数的20%。出土骨骼部位中，头骨为24件，肢骨为9件，末端骨为8件，其他为14件。[2]由于马鹿的脱角期一般在春节，而白音长汗遗址中近脱角期的鹿角占多数，显示出马鹿的狩猎期应主要在春节。[3]

斑鹿的可鉴定标本数为16件，占可鉴定标本总数的11.1%；最小个体数为2件，占最小个体总数的10%。出土骨骼部位中，头骨为4件，肢骨为6件，末端骨为3件，其他为3件。

狍的可鉴定标本数为24件，占可鉴定标本总数的16.7%；最小个体数为2件，占最小个体总数的10%。出土骨骼部位中，头骨为11件，肢骨为6件，末端骨为4件，其他为3件。

1　汤卓炜、郭治中、索秀芬：《白音长汗遗址出土的动物遗存》，《白音长汗—新石器时代遗址发掘报告》，科学出版社，2004年。

2　为方便讨论，本文将骨骼部位进行了归类。肢骨包括肩胛骨、肱骨、桡骨、股骨和胫骨等，末端骨包括掌骨和指骨等，中轴骨包括寰椎、枢椎、胸椎和骨盆等。

3　汤卓炜、郭治中、索秀芬：《白音长汗遗址出土的动物遗存》，《白音长汗—新石器时代遗址发掘报告》，科学出版社，2004年。

表 3.1　白音长汗遗址出土动物的可鉴定
标本数（NISP）和最小个体数（MNI）

动物属种	NISP	NISP 比重（%）	MNI	MNI 比重（%）
马鹿	55	38.2	4	20.0
斑鹿	16	11.1	2	10.0
狍	24	16.7	2	10.0
野猪	18	12.4	2	10.0
野牛	3	2.1	1	5.0
家狗	12	8.3	2	10.0
狗獾	6	4.2	2	10.0
熊	3	2.1	1	5.0
野兔	5	3.5	2	10.0
东海舟蚶	1	0.7	1	5.0
鸟	1	0.7	1	5.0
总数	144	100	20	100

表 3.2　白音长汗遗址常见动物骨骼单元统计表

部位	动物种类									
	马鹿	斑鹿	狍	野猪	野牛	熊	狗	狗獾	野兔	鸟
头骨	24	4	11	3			1	1		
中轴骨				1				1		
肢骨	9	6	6	6	2	1		3	5	
末端骨	8	3	4	4		1				1
其他	14	3	3	4	1	1	11	1		
总数	55	16	24	18	3	3	12	6	5	1

　　猪的可鉴定标本数为 18 件，占可鉴定标本总数的 12.4%；最小个体数为 2 件，占最小个体总数的 10%。出土骨骼部位中，头

骨为3件，中轴骨为1件，肢骨为6件，末端骨为4件，其他为4件。白音长汗遗址猪牙齿 m3 的长度明显大于姜寨遗址和朱开沟遗址猪的牙齿，具有颜面较长的野性特征。此外，白音长汗遗址家猪的死亡年龄集中在 17～24 个月的成年个体，明显大于现生家猪的屠宰年龄。这些现象说明白音长汗遗址的猪确系未经驯化的野猪，尚未进入真正意义上的驯化阶段。[1]

狗的可鉴定标本数为12件，占可鉴定标本总数的8.3%；最小个体数为2件，占最小个体总数的10%。出土骨骼部位中，头骨为1件，其他为11件。白音长汗遗址狗的牙齿测量数据与朱开沟、姜寨、半坡等遗址的相近，应当属于家狗。

狗獾的可鉴定标本数为6件，占可鉴定标本总数的4.2%；最小个体数为2件，占最小个体总数的10%。出土骨骼部位中，头骨为1件，中轴骨为1件，肢骨为3件，其他为1件。

野兔的可鉴定标本数为5件，占可鉴定标本总数的3.5%；最小个体数为2件，占最小个体总数的10%。出土的骨骼中，仅见5个肢骨。

牛的可鉴定标本数为3件，占可鉴定标本总数的2.1%；最小个体数为1件，占最小个体总数的5%。出土骨骼部位中，肢骨为2件，其他为1件。白音长汗遗址牛的胫骨接近于原始牛，死亡年龄集中于成年个体。这些现象说明白音长汗遗址的牛确系未经驯化的野牛。

熊的可鉴定标本数为3件，占可鉴定标本总数的2.1%；最小个体数为1件，占最小个体总数的5%。出土骨骼部位中，肢骨为1件，末端骨为1件，其他为1件。

此外，白音长汗遗址还出土了陆相淡水生的东海舟蚶1件，

1　汤卓炜、郭治中、索秀芬：《白音长汗遗址出土的动物遗存》，《白音长汗——新石器时代遗址发掘报告》，科学出版社，2004年。

鸟类跖骨1件。

从白音长汗遗址动物遗存的数据可见，无论是最小个体数还是可鉴定标本数，野生动物均占动物遗存总数的90%以上。唯一家养动物狗可能不被作为肉食资源，野生动物可能是白音长汗先民的主要肉食来源。白音长汗先民利用的脊椎动物主要包括大、中、小型野生草食动物中的鹿科2个属3个种，分别为马鹿、斑鹿和狍，偶尔猎获的野生动物有熊、狗獾、野牛、兔以及鸟类。另外，还将软体动物的贝壳作为饰物制作的主要原料和极少量的蛋白质来源。而动物属种的栖息环境，也显示出白音长汗遗址的生态环境比现在更优越，有较大面积的森林及森林草原，气候温暖湿润，可供养大、中、小型偶蹄动物、肉食动物等，为古代人类的生存繁衍提供了丰富的野生动物资源。

2. 魏家窝铺遗址

魏家窝铺遗址位于内蒙古赤峰市红山区文钟镇魏家窝铺村东北部的平缓台地上，遗址和发掘的情况在植物遗存部分已介绍，此处不再重复。

为探讨魏家窝铺先民的生存环境与生业模式等相关问题，在2010—2011年度的发掘过程中，陈全家等对肉眼可见的动物遗存进行了全面采样。随后依据动物骨骼标本，对动物遗存的种属、家养、性别、年龄和部位等问题进行了系统鉴定和测量。[1]

此次发掘共获得动物标本2492件，其中可鉴定种属的骨骼309件，可鉴定部位的骨骼56件，碎骨2116件。动物种属至少有22种，包括野猪、马鹿、梅花鹿、狍子、牛属、马属、家犬、

---

1 陈全家、张哲：《赤峰市魏家窝铺遗址2010—2011年出土动物的考古学研究》，《草原文物》20017年第1期。

狐狸、獐、熊、草原鼢鼠、田鼠、鼠、兔、圆顶珠蚌、毛蚶、无齿蚌、帘蛤科、鳖和鸟等，哺乳动物占大多数。（表3.3、表3.4）

表 3.3　魏家窝铺遗址出土动物的可鉴定
标本数（NISP）和最小个体数（MNT）

动物属种	NISP	NISP 比重（%）	MNI	MNI 比重（%）
家犬	31	10	1	2.1
野猪	62	20.1	4	8.2
牛属	2	0.6	1	2.1
马属	1	0.3	1	2.1
马鹿	25	8.1	3	6.2
梅花鹿	3	1	1	2.1
狍子	85	27.5	4	8.2
狐狸	2	0.6	1	2.1
獐	1	0.3	1	2.1
熊	7	2.2	2	4.2
草原鼢鼠	23	7.4	10	19.1
田鼠	2	0.6	1	2.1
鼠	25	8.1	4	8.2
兔	4	1.3	1	2.1
圆顶珠蚌	8	2.6	4	8.2
毛蚶	3	1	2	4.2
无齿蚌	11	3.6		2.1
帘蛤科	8	2.6	3	6.2
硬骨鱼类	1	0.3	1	2.1
鳖	2	0.7	1	2.1
鸟	3	1	2	4.2
总数	309	100	48	100

表 3.4　魏家窝铺遗址常见动物骨骼单元统计表

部位	动物种类														
	家犬	野猪	牛属	马属	马鹿	梅花鹿	狍子	狐狸	獐	熊	草原鼢鼠	田鼠	鼠	兔	鸟
头骨	7	32		1	5	2	56	2		1	17	1	4		1
中轴骨	1	2			2		4				2		12		
肢骨	3	12	1		9	1	10			5	4	1	9	4	
末端骨	20	8	1		8		9		1	1					1
其他	1	8			1		6								
总数	31	62	2	1	25	3	85	2	1	7	23	2	25	4	2

狗的可鉴定标本数为 31 件，占可鉴定标本总数的 10%；最小个体数为 1 件，占最小个体总数的 2.1%。出土骨骼部位中，头骨为 7 件、中轴骨为 1 件，肢骨为 3 件，末端骨为 20 件，其他为 1 件。魏家窝铺遗址狗牙齿 m1 长度明显小于河姆渡遗址、姜寨遗址、半坡遗址的狗牙齿，也小于现生狼牙齿，陈全家等认定魏家窝铺遗址的狗为驯化家犬。[1]

猪的可鉴定标本数为 62 件，占可鉴定标本总数的 20.1%；最小个体数为 4 件，占最小个体总数的 8.2%。出土骨骼部位中，头骨为 32 件，中轴骨为 2 件，肢骨为 12 件，末端骨为 8 件，其他为 8 件。魏家窝铺遗址猪牙齿 m3 的长度明显大于姜寨遗址家猪的牙齿，并与阎家岗遗址的野猪牙齿相近，考虑到魏家窝铺遗址野生动物的比重非常高，陈全家等认为魏家窝铺遗址的

1　陈全家、张哲：《赤峰市魏家窝铺遗址 2010—2011 年出土动物的考古学研究》，《草原文物》2017 年第 1 期。

猪确系未经驯化的野猪。[1]

熊的可鉴定标本数为7件，占可鉴定标本总数的2.2%；最小个体数为2件，占最小个体总数的4.2%。出土骨骼部位中，头骨为1件，肢骨为5件，末端骨为1件，其他为1件。

狐狸的可鉴定标本数为2件，占可鉴定标本总数的0.6%；最小个体数为1件，占最小个体总数的2.1%。出土骨骼部位仅见头骨2件。

马鹿的可鉴定标本数为25件，占可鉴定标本总数的8.1%；最小个体数为3件，占最小个体总数的6.2%。出土骨骼部位中，头骨为5件，中轴骨为2件，肢骨为9件，末端骨为8件，其他为1件。

梅花鹿的可鉴定标本数为3件，占可鉴定标本总数的1%；最小个体数为1件，占最小个体总数的2.1%。出土骨骼部位中，头骨为2件，肢骨为1件。

狍子的可鉴定标本数为85件，占可鉴定标本总数的27.5%；最小个体数为4件，占最小个体总数的8.2%。出土骨骼部位中，头骨为56件，中轴骨为4件，肢骨为10件，末端骨为9件，其他为6件。

獐的可鉴定标本数和最小个体数均为1件，出土骨骼部位中仅见1件末端骨。

牛属的可鉴定标本数为2件，占可鉴定标本总数的0.6%；最小个体数为1件，占最小个体总数的2.1%。出土骨骼部位中仅见1件肢骨和1件末端骨。由于标本过少，无法鉴定其种属和驯化情况。

1　陈全家、张哲：《赤峰市魏家窝铺遗址2010—2011年出土动物的考古学研究》，《草原文物》2017年第1期。

马属仅见 1 件牙齿，由于标本过少，无法鉴定其种属和驯化情况。

野兔的可鉴定标本数为 4 件，占可鉴定标本总数的 1.3%；最小个体数为 1 件，占最小个体总数的 2.1%。出土骨骼部位中仅见 4 个肢骨。

鼠类包括草原鼢鼠、田鼠和鼠。草原鼢鼠的可鉴定标本数为 23 件，占可鉴定标本总数的 7.4%；最小个体数为 10 件，占最小个体总数的 9.1%。出土骨骼部位中，头骨为 17 件，中轴骨为 2 件，肢骨为 4 件。田鼠的可鉴定标本数为 2 件，占可鉴定标本总数的 0.6%；最小个体数为 1 件，占最小个体总数的 2.1%。出土骨骼部位中，头骨为 1 件，肢骨为 1 件。鼠的可鉴定标本数为 25 件，占可鉴定标本总数的 8.1%；最小个体数为 4 件，占最小个体总数的 8.2%。出土骨骼部位中，头骨为 4 件，中轴骨为 12 件，肢骨为 9 件。

此外，魏家窝铺遗址还出土了淡水生的圆顶珠蚌 8 件、无齿蚌 11 件，海水生的毛蚶 3 件、帘蛤科 8 件，硬骨鱼类 1 件，鳖 2 件，鸟类 2 件。

从魏家窝铺遗址动物遗存的数据可见，无论是最小个体数还是可鉴定标本数，野生动物均占动物遗存总数的 88% 以上，可鉴定标本数甚至达到 98%。唯一家养动物狗可能不被作为肉食资源，野生动物可能是魏家窝铺先民主要肉食来源。魏家窝铺先民利用的野生动物主要包括野猪、马鹿、狍子和鼠类等，偶尔猎获的野生动物有熊、狐狸、獐、兔以及鸟类，也有少量的硬骨鱼类和软体动物类，其中有一些贝类的栖息地也是河流的入海口处，显示出了跨区域的资源交流。而动物属种的栖息环境，也显示出魏家窝铺遗址生态环境比现在的更优越，整个地区覆盖着郁郁葱葱的

阔叶林或针阔混交林，其间还有水流平缓的河流或湖泊，自然条件十分优越。

3. 哈民忙哈遗址

哈民忙哈聚落遗址位于内蒙古通辽市科尔沁左翼中旗舍伯吐镇东南约 20 公里处。遗址和发掘的情况在植物遗存部分已介绍，此处不再重复。

2012—2013 年度发掘过程中，在哈民忙哈遗址 41 个房址、33 个灰坑、1 个墓葬、2 个灰坑、57 个探方中，均发现有动物骨骼。陈君、陈全家等对该遗址肉眼可见的动物骨骼进行了全面采样。此次发掘共获得动物标本 25857 件，其中可鉴定标本共 9561 件，包括软体动物标本 1477 件、爬行动物标本 178 件、鱼类标本 129 件、鸟类标本 1138 件、哺乳动物标本 6639 件；可确定种属标本共 9349 件，包括软体动物标本 1477 件、爬行动物标本 178 件、鱼类标本 64 件、鸟类标本 1122 件、哺乳动物标本 6508 件。哺乳动物标本数量占有绝对优势，占总数的 70%。[1]（表 3.5、表 3.6）

经过鉴定，该批动物遗存可鉴定种属至少有 38 种，包括软体动物：中国圆田螺、圆顶珠蚌、剑状矛蚌、珍珠蚌（未订种）；爬行动物：鳖；鱼类：草鱼、鲤鱼、鲶鱼、乌鳢、黄颡鱼；鸟类：环颈雉、野鸭、秋沙鸭、大雁、雉（未定种一）、雉（未定种二）、苍鹭、鸥鹬、鹰（未定种一）、鹰（未定种二）；哺乳动物：东北鼢鼠、大林姬鼠、黄鼠、鼠、黄鼬、麝鼹、野兔、獾、貉、狐狸、狼、獐、狍、梅花鹿、马鹿、野猪、野牛、马。[2]

1　陈君：《内蒙古哈民忙哈遗址出土动物遗存及相关问题研究》，硕士学位论文，吉林大学，2014 年。

2　陈君：《内蒙古哈民忙哈遗址出土动物遗存及相关问题研究》，硕士学位论文，吉林大学，2014 年。

表 3.5 哈民忙哈遗址出土动物的可鉴定
标本数（NISP）和最小个体数（MNI）

动物属种		NISP	NISP 比重（%）	MNI	MNI 比重（%）
软体动物	中国田园螺	1	0.01	1	0.13
	圆顶珠蚌	364	3.9	171	23.08
	剑状矛蚌	32	0.35	12	1.62
	珍珠蚌（未订种）	1000	10.79		
爬行动物	鳖	178	1.92		
鱼类	草鱼	1	0.01	1	0.13
	鲤鱼	11	0.12	3	0.40
	鲇鱼	48	0.52	22	2.97
	乌鳢	3	0.03	1	0.13
	黄颡鱼	1	0.01	1	0.13
鸟类	环颈雉	1019	11.0	82	11.07
	野鸡	37	0.4	11	1.48
	秋沙鸭	2	0.02	1	0.13
	雉（未订种）	38	0.41	14	1.89
	鸱鸮	1	0.01	1	0.13
	大雁	8	0.09	3	0.40
	苍鹭	4	0.04	2	0.27
	鹰（未订种）	9	0.10	4	0.54
哺乳动物	东北鼢鼠	117	1.26	15	2.02
	大林姬鼠	5	0.05	3	0.4
	黄鼠	11	0.12	7	0.94
	鼠	15	0.16	4	0.54
	黄鼬	3	0.03	2	0.27
	麝鼹	2	0.02	2	0.27
	野兔	5003	54.0	315	42.51
	獾	6	0.06	3	0.40
	貉	11	0.12	1	0.13
	狼	38	0.41	3	0.4
	獐	1	0.01	1	0.13
	狍	195	2.10	16	2.16
	梅花鹿	4	0.04	1	0.13
	马鹿	25	0.27	1	0.13
	野猪	980	10.58	29	3.91
	野牛	50	0.54	3	0.4
	马	3	0.03	1	0.13
	狐狸	39	0.42	4	0.54

表 3.6　哈民忙哈遗址常见动物骨骼单元统计表

部位	动物种类													
	马	野牛	野猪	马鹿	梅花鹿	狍	獐	狼	狐狸	貉	獾	野兔	鼠类	黄鼬
头骨		7	851	11	1	46	1	3	22	8	6	797		3
中轴骨		4	34	1		51		2	3	2		728		
肢骨		16	56	3	1	44		3	14			1769	148	
末端骨	3	23	39	10	2	54		12		1		1509		
其他								18				200		
总数	3	50	980	25	4	195	1	38	39	11	6	5003	148	3

　　猪的可鉴定标本数为 980 件，占可鉴定标本总数的 10.58%；最小个体数为 29 件，占最小个体总数的 3.91%。出土骨骼部位中，头骨为 851 件，中轴骨为 34 件，肢骨为 56 件，末端骨为 39 件。哈民忙哈遗址猪臼齿 m3 长度明显大于跨湖桥遗址及大甸子遗址猪群的臼齿，与家猪臼齿有明显的不同，并较现生野猪形体更大，表明该遗址猪群主体应为野猪。此外，通过对哈民忙哈遗址猪的死亡年龄的分析（表 3.7），发现 2 岁以下占总数的 57.5%，2 岁以上占总数的 42.5%，数量较接近。遗址内猪群的年龄分布均匀，各年龄段数量差异小，可以进一步确定该遗址中的猪为野猪。另外，研究者还发现雌性猪占总数约 53.33%，雄性猪占总数约 46.67%，性别比例均衡，表明哈民忙哈先民未针对某性别而进行大量猎杀，人为干涉少，再次进一步佐证了一个结论，即遗址出土的猪为野猪。[1]

　　1　陈全家、刘晓庆、陈君等：《内蒙古科左中旗哈民忙哈遗址出土猪骨初步研究》，《边疆考古研究》第 19 辑，科学出版社，2016 年。

——

生业经济

表 3.7　哈民忙哈遗址猪群的年龄结构

年龄（月）	总数	比重
6～12	6	15
12～18	6	15
18～24	11	27.5
24～36	8	20
36 以上	9	22.5
总数	40	100

野牛的可鉴定标本数为 50 件，占可鉴定标本总数的 0.54%；最小个体数为 3 件，占最小个体总数的 0.4%。出土骨骼部位中，头骨为 7 件，中轴骨为 4 件，肢骨为 16 件，末端骨为 23 件。

野兔的可鉴定标本为 5003 件，占可鉴定标本总数的 54%；最小个体数为 315 件，占最小个体总数的 42.51%。出土骨骼部位中，头骨为 797 件，中轴骨为 728 件，肢骨为 1769 件，末端骨为 1509 件，其他为 200 件。

獾的可鉴定标本数为 6 件，占可鉴定标本总数的 0.06%；最小个体数为 3 件，占最小个体总数的 0.4%。出土骨骼部位中仅见头骨 6 件。

貉的可鉴定标本数为 11 件，占可鉴定标本总数的 0.12%；最小个体数为 1 件，占最小个体总数的 0.13%。出土骨骼部位中，头骨为 8 件，中轴骨为 2 件，末端骨为 1 件。

狐狸的可鉴定标本数为 39 件，占可鉴定标本总数的 0.42%；最小个体数为 4 件，占最小个体总数的 0.54%。出土骨骼部位中，头骨为 22 件，中轴骨为 3 件，肢骨为 14 件。

狼的可鉴定标本数为 38 件，占可鉴定标本总数的 0.41%；最小个体数为 3 件，占最小个体总数的 0.4%。出土骨骼部位中，头骨 3 件，中轴骨为 2 件，肢骨为 3 件，末端骨 12 件，其他 18 件。

獐的可鉴定标本数和最小个体数仅为 1，即头骨。

狍的可鉴定标本数为 195 件，占可鉴定标本总数的 2.1%；最小个体数为 16 件，占最小个体总数的 2.16%。出土骨骼部位中，头骨为 46 件，中轴骨为 51 件，肢骨为 44 件，末端骨 54 件。

梅花鹿的可鉴定标本数为 4 件，占可鉴定标本总数的 0.04%；最小个体数为 1 件，占最小个体总数的 0.13%。出土骨骼部位中，头骨为 1 件，肢骨为 1 件，末端骨 2 件。

马鹿的可鉴定标本数为 25 件，占可鉴定标本总数的 0.27%；最小个体数为 1 件，占最小个体总数的 0.13%。出土骨骼部位中，头骨为 11 件，中轴骨 1 件，肢骨为 3 件，末端骨 10 件。

马的可鉴定标本数为 3，占可鉴定标本总数的 0.03%；最小个体数为 1，占最小个体总数的 0.13%。出土骨骼部位中，仅见末端骨 3 件。

鼠类包括东北鼢鼠、大林姬鼠、黄鼠、鼠，鼠类的可鉴定标本数为 148 件，占可鉴定标本总数的 1.59；最小个体数为 29 件，占最小个体总数的 3.9%。出土骨骼部位中，肢骨为 148 件。

黄鼬的可鉴定标本数为 3 件，占可鉴定标本总数的 0.03%；最小个体数为 2 件，占最小个体总数的 0.27%。出土骨骼部位中，仅见头骨 3 件。

麝鼹的可鉴定标本数为 2 件，占可鉴定标本总数的 0.02%；最小个体数为 2 件，占最小个体总数的 0.27%。出土骨骼部位中，仅见头骨 2 件。

哈民忙哈遗址出土的鸟类标本包括环颈雉1019件，野鸭37件，大雁8件，苍鹭4件，秋沙鸭2件，鸥鹟1件，雉（未定种）38件，鸭（未定种）4件，鹰（未定种）9件。鸟类的可鉴定标本数为1118件，占可鉴定标本总数的12.07%；鸟类的最小个体数为118件，占最小个体总数的15.91%。

哈民忙哈遗址出土的大量鱼类标本包括草鱼1件，鲤鱼11件，鲶鱼48件，乌鳢3件，黄颡鱼3件。鱼类的可鉴定标本数为64件，占可鉴定标本总数的0.69%；鱼类的最小个体数为28件，占最小个体总数的3.76%。

哈民忙哈遗址出土的大量软体动物标本，包括中国田园螺1件，剑状矛蚌32件，未定种珍珠蚌超过1000件（大多标本边缘残破，无法鉴定方位及部位，故无法判断珍珠蚌的最小个体数）。

此外，哈民忙哈遗址还出土了178件鳖甲，不见鳖骨，最小个体数不详。

从哈民忙哈遗址动物遗存的数据可见，哈民忙哈先民利用动物资源的种类主要为哺乳动物，或捕获遗址周围的野生动物，同时进行狩猎及渔猎活动。肉食来源以哺乳动物为主，包括野猪、野兔、牛、狍等，以鸟类、鱼类、软体动物等为辅。生业模式为狩猎、渔猎、采集兼有的混合型经济模式，其中狩猎经济为主要依赖的经济方式，未呈现畜养及农业经济的特征。[1]根据蚌类的死亡年龄可知，春节、夏季、秋季，哈民忙哈先民皆有捕获蚌类的习惯。根据遗址出土的狍角，可知哈民忙哈先民在4—12月皆有捕获狍子的行为。综合上述，陈君等推测哈民忙哈遗址全年皆有

1　陈君：《内蒙古哈民忙哈遗址出土动物遗存及相关问题研究》，硕士学位论文，吉林大学，2014年。

人类居住，并从事狩猎、渔猎等活动。[1]

根据动物属种的栖息环境显示，哈民忙哈遗址所在位置是以林缘灌丛、草原、低山森林为主的生态景观结构。从整体来看，该遗址应属于平原地带的温带森林—草原生态系统，且周围存在大面积水体，生态环境较为优越，为古代人类的生产、生活提供必要的动植物资源。

4. 牛河梁遗址

牛河梁遗址位于辽宁省西部朝阳市的建平、凌源与喀左三县（市）交界处，地处努鲁尔虎山南段的黄土梁上，在东西绵延的山岗顶部，有规律地分布着女神庙、祭坛、积石冢群等红山文化遗存，是红山文化最重要的墓葬和祭祀区。

牛河梁遗址是在 1981 年全国第二次文物普查时被发现的。1983—2003 年间，辽宁省文物考古研究所等对该遗址 16 个地点进行了针对性的调查和发掘，其中第一、二、三、五和十六地点是考古发掘的重点区域。[2] 第一地点被称为女神庙，由单间和多间房址构成，出土了建筑构件、泥塑和陶祭祀器。第二地点发掘面积为 6000 平方米，以圆形祭坛为中心，周围分布有 6 座积石冢。第三地点发掘面积为 650 平方米，为 10 座圆形单墓。第五地点发掘面积 2000 多平方米，以方形或圆形积石冢、坛为主。第十六地点发掘面积 1400 平方米，遗迹以积石冢、普通墓葬、灰坑为代表。牛河梁遗址出土了丰富的红山文化遗存文物，其中陶器以筒形罐、斜口器、无底筒形器等为代表；玉器以人形玉器、动物形玉器、

1　陈全家、刘晓庆、陈君等：《内蒙古科左中旗哈民忙哈遗址出土猪骨初步研究》，《边疆考古研究》第 19 辑，科学出版社，2016 年。

2　辽宁省文物考古研究所：《牛河梁——红山文化遗址发掘报告（1983—2003 年度）》，文物出版社，2012 年。

斜口筒形器、勾云形器、玉梳背等为代表。绝对年代和文化面貌相当于红山文化晚期。[1]

在牛河梁遗址的发掘过程中，黄蕴平等对该遗址肉眼可见的动物骨骼进行了全面采样[2]，在第一、二、五、十六等地点均发现了动物骨骼遗存。第一地点出土的动物骨骼有337件，第二地点发现的动物骨骼共有278件，第五地点共发现717件动物骨骼，在第十六地点、H4-4区还发现有34件动物骨骼。此次发掘共获得动物标本1400件，其中可鉴定种属的标本432件，包括梅花鹿、狍、獐、野猪、家狗、黑熊、狗獾、野兔、东北鼢鼠、鸟类、河蚌等。（表3.8、表3.9）

表3.8　牛河梁遗址出土动物的可鉴定标本数（NISP）和最小个体数（NISP）

动物属种	NISP	NISP 比重（%）	MNI	MNI 比重（%）
梅花鹿	148	39.19	4	11.43
狍	80	19.56	5	14.29
獐	37	9.05	1	2.86
野猪	79	19.32	7	20.00
狗	1	0.24	1	2.86
熊	11	2.69	4	11.43
獾	1	0.24	1	2.86
野兔	5	1.22	1	2.86
东北鼢鼠	20	4.89	3	8.57
鸟类	15	3.67	8	22.86
河蚌	12	2.93		

1　辽宁省文物考古研究所：《牛河梁——红山文化遗址发掘报告（1983—2003年度）》，文物出版社，2012年。

2　黄蕴平：《牛河梁遗址出土动物骨骼鉴定报告》，载辽宁省文物考古研究所编《牛河梁——红山文化遗址发掘报告（1983—2003年度）》，文物出版社，2012年。

3.9　牛河梁遗址常见动物骨骼单元统计表

部位	动物种类									
	梅花鹿	狍	獐	野猪	家狗	熊	獾	野兔	东北鼢鼠	鸟类
头骨	23	2	6	15	1	7	1		17	1
中轴骨	21	9	2	15					1	
肢骨	44	13	7	32		2		5	2	14
末端骨	60	56	22	17		2				
总数	148	80	37	79	1	11		5	20	15

　　猪的可鉴定标本数为 79 件，占可鉴定标本总数的 19.32%；最小个体数为 7 件，占最小个体总数的 20%。出土骨骼部位中，头骨为 15 件，中轴骨为 15 件，肢骨为 32 件，末端骨为 17 件。牛河梁遗址猪的死亡年龄比较分散，其中部分猪的牙齿 m3 具有野猪特征，黄蕴平认为牛河梁遗址猪可能为野猪。[1]

　　狗的可鉴定标本数和最小个体数均为 1 件，即 1 件下颌骨。其牙齿特征与现生狗相似但不同于现生狼，根据测量数据，可能介于现代家犬和狼之间。黄蕴平认为牛河梁遗址狗是否代表早期驯化狗或者当地大型狗还需要更多标本证据。[2]

　　熊的可鉴定标本数为 11 件，占可鉴定标本总数的 2.69%；最小个体数为 4 件，占最小个体总数的 11.43%。出土骨骼部位中，头骨为 7 件，肢骨为 2 件，末端骨为 2 件。

　　1　黄蕴平：《牛河梁遗址出土动物骨骼鉴定报告》，载辽宁省文物考古研究所编《牛河梁——红山文化遗址发掘报告（1983—2003 年度）》，文物出版社，2012 年。

　　2　黄蕴平：《牛河梁遗址出土动物骨骼鉴定报告》，载辽宁省文物考古研究所编《牛河梁——红山文化遗址发掘报告（1983—2003 年度）》，文物出版社，2012 年。

狗的可鉴定标本数为 80 件，占可鉴定标本总数的 19.56%；最小个体数为 5 件，占最小个体总数的 14.29%。出土骨骼部位中，头骨为 2 件，中轴骨为 9 件，肢骨为 13 件，末端骨为 56 件。

梅花鹿的可鉴定标本数为 148 件，占可鉴定标本总数的 39.19%；最小个体数为 4 件，占最小个体总数的 11.43%。出土骨骼部位中，头骨为 23 件，中轴骨为 21 件，肢骨为 44 件，末端骨为 60 件。

獐的可鉴定标本数为 37 件，占可鉴定标本总数的 9.05%；最小个体数为 1 件，占最小个体总数的 2.86%。出土骨骼部位中，头骨为 6 件，中轴骨为 2 件，肢骨为 7 件，末端骨为 22 件。

獾的可鉴定标本数和最小个体数均为 1 件，即 1 件下颌骨。

野兔的可鉴定标本数为 5 件，占可鉴定标本总数的 1.22%；最小个体数为 1 件，占最小个体总数的 2.86%。出土骨骼部位中，仅见 5 件肢骨。

东北鼢鼠的可鉴定标本数为 20 件，占可鉴定标本总数的 4.89%；最小个体数为 3 件，占最小个体总数的 8.57%。出土骨骼部位中，头骨为 17 件，中轴骨为 1 件，肢骨为 2 件。

鸟类的可鉴定标本数为 15 件，占可鉴定标本总数的 3.67%；最小个体数为 8 件，占最小个体总数的 22.86%。出土骨骼部位中，头骨为 1 件，肢骨为 14 件。

此外，牛河梁遗址还出土有大型河蚌残片 12 件，具体属种不详。

从牛河梁遗址动物遗存的数据可见，除狗是驯养动物外，其余都是可捕获的野生动物。家狗可能不被作为肉食资源，野生动物可能是牛河梁先民主要肉食来源。牛河梁先民利用的野生动物主要包括梅花鹿、狍、獐、野猪、黑熊、狗獾、野兔和东北鼢鼠，

以及少量的鸟类和河蚌。根据动物属种的栖息环境显示，牛河梁遗址所处时代的气候要比现在的温暖。

5. 其他遗址

（1）东山嘴遗址

东山嘴遗址位于辽宁省朝阳市喀左县大城子镇东南，坐落于大凌河西岸的台地上。1979 年和 1982 年，辽宁省博物馆等对该遗址进行了两次发掘，发掘总面积约 2250 平方米。石砌建筑基址布满了整个遗址，依布局可分中心、两翼和前后两端等部分，整体为一处红山文化晚期大型祭祀性遗址。东山嘴遗址出土兽骨较多，以猪骨为主，有鹿骨和蚌类[1]。

（2）红山后第二住地

红山后遗址位于内蒙古赤峰市东北郊英金河东岸的红山北麓，"红山文化"由此命名。1935 年，日本学者滨田耕作等对该遗址进行了试掘，发掘出墓葬、灰坑等遗存，出土了典型的红山文化陶器。红山后第二住地出土动物遗存有猪科、鹿科、牛科、鸟类[2]。

三、红山文化肉食结构和资源利用

经过动物考古学研究的红山文化遗址共有 6 处，此研究以动物遗存的系统研究和动物骨骼的简单鉴定为主。动物遗存的系统研究可以全面呈现研究对象的肉食结构；动物骨骼的简单鉴定虽

1　郭大顺、张克举：《辽宁喀左县东山嘴红山文化建筑群址发掘简报》，《文物》1984 年。

2　〔日〕东亚考古学会著《赤峰红山后——热河省赤峰红山先史遗迹》，戴岳曦、康英华译，李俊义、戴顺校注，内蒙古大学出版社，2015 年。

然难以系统地显示动物资源的种类和比重，但仍然可以初步呈现研究对象的肉食种类。因此，两种视角的结合，可以科学地认识红山文化的肉食结构和资源利用。

从红山文化遗址动物遗存的数据可以看出，无论是最小个体数还是可鉴定标本数，野生动物在红山文化诸遗址先民肉食贡献中占主要位置，如哈民忙哈遗址出土的动物标本全部为野生动物。家养动物狗可能并不被作为肉食资源，故野生动物可能是红山文化先民主要的肉食来源。

小河西文化小河西遗址出土较多的蚌壳，[1] 西梁遗址和榆树山遗址出土了狗、鹿、禽类和蚌类。[2] 兴隆洼文化白音长汗遗址出土的野生动物比重在 90% 以上，家养动物仅见猪；[3] 西梁遗址出土的野生动物比重在 95% 以上；[4] 兴隆洼遗址出土有鹿、狍、猪和鱼等，猪有野生的，也有家养的；[5] 赵宝沟文化赵宝沟遗址出土的野生动物比重达 98%，家养动物仅见狗。[6] 富河文化富河沟门遗址出土的动物遗存均为野生动物。[7] 根据动物遗存的数据

1　杨虎、林秀贞：《内蒙古敖汉旗小河西遗址简述》，《北方文物》2009 年第 2 期。

2　杨虎、林秀贞：《内蒙古敖汉旗榆树山、西梁遗址房址和墓葬综述》，《北方文物》2009 年。

3　汤卓炜、郭治中、索秀芬：《白音长汗遗址出土的动物遗存》，《白音长汗——新石器时代遗址发掘报告》，科学出版社，2004 年。

4　陈全家：《林西县井沟子西梁新石器时代遗址出土动物遗存鉴定报告》，《西拉木伦河流域先秦时期遗址调查与试掘》，科学出版社，2010 年。

5　袁靖：《中国古代的家猪起源》，《西部考古·纪念西北大学考古专业成立五十周年专刊》，三秦出版社，2006 年，第 45-47 页。

6　中国社会科学院考古研究所：《敖汉赵宝沟》，中国大百科全书出版社，1997 年，第 180-200 页。

7　徐光冀：《富河文化的发现与研究》，《新中国的考古发现和研究》，文物出版社，1984 年，第 176-177 页。

显示，尽管小河西、兴隆洼、赵宝沟等文化的年代与红山文化相距数千年，但是动物遗存的种类和比重并没有发生明显的变化，野生动物在辽西地区动物资源中始终占有重要地位。值得注意的是，家猪自兴隆洼文化时期已经出现，但在赵宝沟文化、富河文化乃至红山文化时期，家猪濒临消失。尽管鉴定标准和地方种属特征存在差异，红山文化诸遗址可能存在家猪，但考虑其比重和普遍性，家养动物的占比在红山文化时期的肉食结构中是极其薄弱的。这种肉食策略直到夏家店下层文化时期才发生了明显的转变，[1]大山前第一地点[2]、大甸子遗址[3]家养动物的比重均在90%以上，家养动物首次成为辽西地区肉食资源的主要选择。

红山文化诸遗址动物资源丰富，种类繁多，如白音长汗遗址出土了马鹿、狍、野猪、斑鹿、狗、狗獾、野兔、野牛、熊和鸟类等动物；魏家窝铺遗址出土了狍、野猪、狗、鼠类、蚌类、鸟类、鹿类、熊、兔、狐狸和鱼类等；哈民忙哈遗址出土了野兔、软体螺蚌类、鸟类（以环颈雉为代表）、野猪、狍、鱼类、鼠类、野牛、狐狸、马鹿等动物；牛河梁遗址出土了梅花鹿、狍、野猪、獐、鼠类、鸟类、蚌类、熊、野兔和獾等动物。根据动物种类观察统计，以鼠类、蚌类、鸟类和草兔等为代表的部分微小型野生动物在部分遗址中占有相当高的比重，但这些动物的个体肉量并不能与猪、

1　常经宇：《辽西地区新石器时代晚期至青铜时代早期动物资源的获取和利用》，《干旱区资源与环境》2021年第35卷第7期。

2　索罗蒂斯：《从食物获取方式的变化分析中国东北地区生业模式由狩猎到农业的转变》，博士学位论文，吉林大学，2007年。

3　罗运兵：《大甸子遗址中猪的饲养与仪式使用》，《边疆考古研究》第8辑，科学出版社，2009年。

羊科和鹿科等中、大型动物相比较，其在遗址中的真实贡献还需要从肉食结构中去考量。

研究者对赵宝沟[1]、大甸子[2]、上机房营子[3]等遗址均进行过肉食结构分析，但采用的复原数据略有差异，因此将以同一标准对动物资源的肉食结构进行系统观察。（表 3.10、图 3.1）

表 3.10　常见动物平均重量、出肉率及平均肉量

动物种类	平均重量（kg）	出肉率（%）	平均肉量（KG）
家猪	70	70	50
绵羊	42.5	40	17
山羊	21	40	8.4
黄牛	300	50	150
狍	30	50	5.6
马鹿	150	50	75
梅花鹿	100	50	50
羚羊	80	40	20
野猪	80	70	56
草兔	2	50	1
野鸡	3	50	1.5
熊	230	40	92

1　中国社会科学院考古研究所：《敖汉赵宝沟》，中国大百科全书出版社，1997 年，第 180-200 页。

2　罗运兵：《大甸子遗址中猪的饲养与仪式使用》，《边疆考古研究》第 8 辑，科学出版社，2009 年。

3　汤卓伟、苏拉提萨、战世佳：《上机房营子遗址动物遗存初步分析》，《上机房营子与西梁》，科学出版社，2012 年，第 249-253 页。

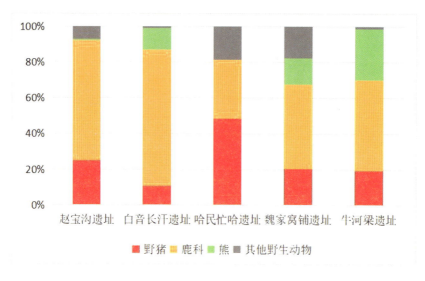

图 3.1　红山文化诸遗址动物肉量百分比堆积图

　　从肉食结构的数据可见，野猪和鹿科是红山文化先民的主要肉食来源，不同遗址的肉量比重均达到 70%。熊的肉量贡献仅次于野猪和鹿科，在牛河梁遗址、魏家窝铺遗址和白音长汗遗址中，其比重均在 11% 以上，显示出肉食资源获取的普遍风险。其他野生动物虽然种类丰富，但肉量贡献十分薄弱。值得注意的是，哈民忙哈遗址草兔和鱼类的贡献相对丰富，显示出不同区域肉食资源获取的微观差异。

　　根据红山文化诸遗址不同动物骨骼单元分布可知，鹿科、野猪、狗獾等动物的肢骨和末端骨均占据动物骨骼的绝大部分，在部分遗址甚至达到了 80%，这些骨骼均是动物肉量最丰富的部位，说明动物的食用应该是在本地进行。颅骨和中轴骨作为肉量最少以及可能作为屠宰"废品"的部位普遍分布在各个遗址中，说明多数动物的屠宰应该是在本地进行。

第四章　红山文化碳、氮稳定同位素的分析

稳定同位素分析方法最初用于地质和古环境研究，随着生物考古学的不断发展，稳定同位素分析作为研究古代先民食物结构和环境演化的有效方法，在考古学中得到了广泛的应用。其理论基础是"我即我食"，即不同种类的食物会体现在动物组织的碳、氮同位素上。[1]

碳同位素在大自然界广泛存在，不同种类的植物对碳的吸收与利用并不相同，大体来说有三种途径。一种途径是卡尔文途径，依据这种途径进行光合作用的植物，其 $\delta^{13}C$ 值低于大气含量，属于 C_3 类植物，例如小麦、水稻等。第二种途径是哈—斯途径，依据这种途径进行光合作用的植物，其 $\delta^{13}C$ 值大于大气含量，属于 C_4 类植物，例如粟、黍等。第三种途径是 CAM 途径，依据这种途径进行光合作用的植物，其 $\delta^{13}C$ 值介于前两种，例如甜菜、菠萝等。如果人类长期食用相关植物，便会在体内形成一定的富集。Barton 等曾根据大量的稳定同位素数据分析出不同 $\delta^{13}C$ 值

1　陈相龙：《碳、氮稳定同位素分析方法与农业考古研究新进展》，《农业考古》2017 年第 6 期，第 13-25 页。

所代表的植食食谱：-10.7‰～-6.8‰、-17.8‰～-12.1‰以及-22.7‰～-19.4‰分别代表了C_4类植物、C_3/C_4混合植物和C_3类植物。[1] 此外，也可以根据蔡莲珍等提供的公式计算出C_4类植物的百分比含量，即 X =（20+B）/13（B 是所测骨骼 $\delta^{13}C$ 值的一千倍，X 是 C_4 类植物的百分含量）。[2] 学界公认的与人类饮食相关的 C_4 类植物包括粟、黍、玉米、高粱等，C_3 类植物包括水稻、小麦等。[3]

氮同位素同样广泛存于大自然之中，99% 在大气和海水中，只有极少数与其他元素结合形成氮源。除了陆地豆科和海洋植物以外，多数植物不能够吸收大气中的氮，其来源主要是土壤中的含氮化合物，因此海洋植物和豆科植物的氮含量明显高于其他植物的氮含量。同样，人和动物不能直接吸收大气中的氮，只能通过食用豆科植物和含氮化合物的植物（非豆科植物、陆生动物和海洋生物）来吸收氮。一般来讲，陆地食草动物的 $\delta^{15}N$ 为 4‰～6‰，杂食动物的 $\delta^{15}N$ 为 7‰～9‰，食肉动物的 $\delta^{15}N$ 为 9‰～12‰。

一、碳、氮稳定同位素的研究方法

1. 样品的采集

骨骼样品的采集是研究碳、氮稳定同位素的基础。提取样本时，

1　Barton L, Newsome SD, et al, "Agricultural origins and the isotopic identity of domestication in norther china," *PNAS* 14(2009):5523-5528.

2　蔡莲珍、仇士华：《碳十三测定和古代食谱研究》，《考古》1984年第10期。

3　蔡莲珍、仇士华：《碳十三测定和古代食谱研究》，《考古》1984年第10期。

首先要对遗迹和文化背景有清楚的认识，这与不同研究目的有着明确的关系。

确保骨骼保存良好是提取的先决条件，其中长骨的骨质和结构比其他骨骼更致密和稳定，不易被污染，它们是最适合同位素研究的样品材料。需要注意的是，由于埋藏条件不同，样品保存状况不同，因此应选择骨质最为紧密的骨骼，而不是空隙较多的骨骼。另外，烧过的骨头胶原蛋白会发生变化，也不宜提取。[1] 与骨骼的脆弱性相比，牙齿由有机质和矿物质组成，生长完成后不会发生变化，稳定性较好，因此，牙齿也是稳定同位素研究比较可靠的样本。[2]

2. 样品的提取

人体骨骼稳定碳氮同位素的研究并非直接针对人体骨骼本身，而是从人体骨骼中提取骨胶原和羟磷灰石。[3]

骨胶原的提取方法有酶解提取法、去蛋白质提取法以及 Ambrose 提取法，前两种对时间和费用要求较高，后者为国内普遍使用的方法。提取步骤分八个阶段：一是机械去污；二是研磨过筛样品；三是加入 HCL，去除无机质；四是用 NaOH 去除油脂和腐殖酸；五是加酸加热明胶化；六是过滤去杂质；七是加热浓缩；八是冷冻干燥，得到骨胶原。

羟磷灰石的提取应用相对较多，其提取步骤分五个阶段：一

1　胡耀武：《古代人类食谱及其相关研究》，博士学位论文，中国科学技术大学，2002 年。

2　陈相龙：《碳、氮稳定同位素分析方法与农业考古研究新进展》，《农业考古》2017 年第 6 期。

3　陈松涛：《国内人骨碳氮稳定同位素研究述评》，硕士学位论文，山东大学，2014 年。

是研磨样品；二是用 NaOCL 去除有机质；三是用蒸馏水洗至中性；四是用醋酸溶液去除碳酸盐；五是用蒸馏水洗至中性，并干燥，得到羟磷灰石。

制备骨胶原和羟磷灰石后，即可用同位素质谱仪测试。

3. 样品的分析

稳定的碳氮同位素对生业的研究非常有帮助，分析方向可分为植物驯化、动物驯化、生业互动等。

植物驯化可以分为粟作农业和稻作农业两类。由于粟、黍都属于 C_4 类植物，水稻属于 C_3 类植物，并根据相关遗址的年代和文化背景信息，就可以分析粟作和稻作农业的驯化历程。

动物驯化包括猪和狗的驯化。控制动物的饮食习惯是动物驯化和家畜起源的关键。因此，通过早期遗址的狗和猪的同位素分析，可以判断动物的驯化过程。

生业互动是指动植物的传播和交流。由于粟、黍、小麦、水稻的稳定碳氮同位素存在差异，人与狗、牛、羊的饮食习性也不同，因此根据碳氮同位素数据的变化，结合动植物遗存的出土情况，可以判断粟作、稻作、麦作和牛羊的传播及其比重。

二、碳、氮稳定同位素研究

经过碳、氮稳定同位素研究的红山文化遗址共有 4 处，分别是敖汉旗兴隆洼遗址、敖汉旗兴隆沟遗址第二地点、敖汉旗草帽山遗址、林西县白音长汗遗址。

1. 兴隆沟遗址第二地点

兴隆沟遗址位于内蒙古赤峰市敖汉旗兴隆洼镇，地处大凌河支流牤牛河的上游，是辽西地区史前文化的典型聚落遗址，其中第二地点为红山文化聚落。遗址和发掘的情况在植物遗存部分已介绍，此处不再重复。

为了解红山文化先民的食物结构，刘歆益等对兴隆沟遗址第二地点出土的动物骨骼进行了碳、氮稳定同位素研究。[1]（表4.1）

表 4.1　红山文化诸遗址碳、氮稳定同位素数据

遗址	种类	数量	$\delta^{13}C$ 平均数（‰）	$\delta^{15}N$ 平均数（‰）
兴隆洼遗址	人骨	1	-5.43	
白音长汗遗址	人骨	3	-8.8	8.7
草帽山遗址	人骨	7	-9.3	9.1
兴隆沟遗址第二地点	猪	1	-20.2	3.8
	鹿	1	-20.9	3.4

猪的 $\delta^{13}C$ 值为 -20.2‰，说明基本都是以 C_3 类植物为食物，C_4 类植物消费接近0。猪 $\delta^{15}N$ 值为 3.8‰，属于典型的陆地食草动物。

鹿的 $\delta^{13}C$ 值为 -20.9‰，说明基本都是以 C_3 类植物为食物，C_4 类食物消费接近0。鹿 $\delta^{15}N$ 值为 3.4‰，同属于典型的陆地食草动物。

虽然未对兴隆沟遗址第二地点的人骨进行稳定同位素测定，但猪和鹿的食谱数据，仍然为人类的食谱结构提供了比

1　Liu XY, Jones Martin K, Zhao ZJ, et al, "The Earliest Evidence of Millet as a Staple Crop: New Light on Neolithic Foodways in North China," *American Journal of Physical Anthropology* 149, no.2(2012) :283-90.

较和参考。

2. 兴隆洼遗址

兴隆洼遗址位于内蒙古赤峰市敖汉旗兴隆洼镇，地处大凌河支流牤牛河的上游右岸的低丘陵岗地。1983—1993 年，中国社会科学院考古研究所对该遗址进行过 6 次发掘，共揭露面积 3 万余平方米，出土大量陶、石、玉、骨、蚌制品及动物骨骼。文化面貌以兴隆洼文化为主体，并有少量的红山文化和夏家店下层文化遗存[1]。

张雪莲等为文明探源工程提供生业视角，对国内部分遗址开展了碳、氮稳定同位素研究，其中包括兴隆洼遗址红山文化人骨 1 例[2]（表 4.1）。人骨的 $\delta^{13}C$ 值为 −5.43‰，说明该遗址的人们应是以 C_4 类植物为主要食物，参考蔡莲珍等提供的公式，可得出 C_4 类植物消费接近 100%。由于仅 1 例样本，兴隆洼遗址红山文化先民的植食比重还需要综合考虑其他数据。此外，由于未公布 $\delta^{15}N$ 值，人骨肉食消费的情况暂不明晰。

3. 白音长汗遗址

白音长汗遗址位于内蒙古赤峰市林西县双井店乡，坐落在西拉木伦河北岸的西荒山上。遗址和发掘的情况在植物遗存部分已介绍，此处不再重复。

为了解红山文化先民的食物结构，刘歆益等对白音长汗遗址出土的人骨进行了碳、氮稳定同位素研究[3]（表 4.1）。测量的人

1　中国社会科学院考古研究所内蒙古工作队：《内蒙古敖汉旗兴隆洼聚落遗址 1992 年发掘简报》，《考古》1997 年第 1 期。

2　张莲、王金霞、冼自强等：《古人类食物结构研究》，《考古》2003 年第 2 期。

3　Liu XY, Jones Martin K, Zhao ZJ, et al, "The Earliest Evidence of Millet as a Staple Crop: New Light on Neolithic Foodways in North China," *American Journal of Physical Anthropology* 149, no.2(2012) :283-90.

骨标本总共有3例，人骨的 $\delta^{13}C$ 平均值为 -8.8‰，说明该遗址的人们应是以 C_4 类植物为主要食物，参考蔡莲珍等提供的公式，可计算出 C_4 类植物消费接近86.16%。人骨 $\delta^{15}N$ 平均值为8.7‰，具有典型的杂食动物特性。

白音长汗遗址出土的人骨相对较多，可以补充兴隆洼遗址数据的不足。

4. 草帽山遗址

草帽山遗址位于内蒙古赤峰市敖汉旗四家子镇，坐落于大凌河支流老虎山河一侧的后山梁上。该遗址分为3个地点，为一处典型的红山文化坛冢结合的礼仪建筑群。

为了解该遗址红山文化先民的食物结构，刘歆益等对草帽山遗址出土的人骨进行了碳、氮稳定同位素研究[1]（表4.1）。测量的人骨标本总共有7例，样品相对丰富。人骨的 $\delta^{13}C$ 平均值为 -9.3‰，说明该遗址的人们应是以 C_4 类植物为主要食物，参考蔡莲珍等提供的公式，可计算出 C_4 类植物消费接近82.31%。人骨 $\delta^{15}N$ 平均值为9.1‰，具有典型的杂食动物特性。

三、红山文化碳、氮稳定同位素的生业启示

近年来，根据骨骼的碳、氮稳定同位素重建古代居民及动物的食谱已成为复原史前生业模式、探讨生业经济转变最为重要的手段之一。经过碳、氮稳定同位素研究的4处红山文化遗址中，

---

1 Liu XY, Jones Martin K, Zhao ZJ, et al, "The Earliest Evidence of Millet as a Staple Crop: New Light on Neolithic Foodways in North China," *American Journal of Physical Anthropology* 149, no.2(2012):283-90.

研究对象不仅包括人骨，还包括动物骨骼。因此，碳、氮稳定同位素研究可以为认识红山文化的生业结构提供科学的生业启示。

从红山文化 3 处遗址出土的人骨碳稳定同位素数据可见，这些遗址的人们均以 C_4 类植物为主要食物，C_4 类植物消费均达到 80%，从兴隆洼遗址出土的 1 例人骨可知，C_4 类植物消费甚至达到了 100%。学界公认的与人类饮食相关的 C_4 类植物包括粟、黍、玉米、高粱等，红山文化时期辽西地区未种植玉米和高粱，因此 C_4 类食物应是对粟、黍的消费。但从植物遗存的数据可见，无论是绝对数量还是出土概率，农作物的占比在红山文化诸遗址的植食结构中非常薄弱，植物遗存结果与碳稳定同位素数据之间存在明显的矛盾，是什么原因造成这种现象的呢？

从兴隆洼文化到小河沿文化时期，辽西地区的农业经济在生业经济中并未占据核心地位，但从兴隆洼文化兴隆洼遗址出土的 30 例人骨中可知，C_4 类植物消费接近 77.69%，[1] 从小河沿文化西山遗址出土的 16 例人骨中可知，C_4 类植物消费接近 96.15%，[2] 与红山文化相似，碳稳定同位素数据与植物遗存结果同样存在矛盾。而与此相异的是，以农业经济为核心的夏家店下层文化 9 例人骨，其 C_4 类植物消费接近 100%，两种研究方法的结果却相吻合，造成这种现象的原因是什么？既然兴隆洼文化到小河沿文化时期辽西地区并不存在如此高比重的农作物利用，那高比重的 C4 类植物消

1　张雪莲、刘国祥、王明辉等：《兴隆沟遗址出土人骨的碳氮稳定同位素分析》，《南方文物》2017 年第 4 期。

2　Liu XY, Jones Martin K, Zhao ZJ, et al, "The Earliest Evidence of Millet as a Staple Crop: New Light on Neolithic Foodways in North China," *American Journal of Physical Anthropology* 149, no. 2 (2012) : 283-90.

费来源于哪里？

　　除了农作物以外，红山文化先民利用的植物资源包括果实和杂草，果实包括蕤核和栎属，杂草包括禾本科、藜科、豆科、唇形科、菊科、百合科等。唐海萍等曾对内蒙古地区 280 余种植物的稳定同位素值进行了测定，共确定有 128 种属于 C_4 类植物，其中藜科共有 39 种，主要包括藜属、地肤属和猪毛菜属等。[1]李明财等对青海高原地区 300 余种植物的稳定同位素值进行了测定，共确定有 52 种属于 C_4 类植物，其中藜科共有 20 种，主要包括藜属、地肤属、猪毛菜属等。[2]通过对周边区域部分现生植物的稳定同位素数据的观察，可以看出藜科并非是单一的 C_3 类植物，其中以藜属、地肤属和猪毛菜属为代表的部分藜科为 C_4 类植物，而这几类也均是红山文化时期最常见的藜科属种。

　　中国产藜属 19 种和 2 亚种，其中水落藜、和尚菜、刺藜、灰绿藜、杖藜、小藜、香藜等均是人类喜食的野菜。[3]中国产猪毛菜属 19 种和 2 亚种，其中蒿叶猪毛菜、珍珠猪毛菜、木本猪毛菜等均是家畜理想的饲料，并且部分属种也具有食用和药用价值。[4]中国产地肤属 7 种和 3 变种，其中独扫苗和木地肤是人类救荒食用

　　1　唐海萍、刘书润：《内蒙古地区的 C_4 植物名录》，《内蒙古大学学报》（自然科学版）2001 年第 32 卷第 4 期。

　　2　李明财、易现峰、张晓爱等：《青海高原高寒地带 C_4 植物名录》，《西北植物学报》2005 年第 25 卷第 5 期。

　　3　中国科学院植物研究所：《中国植物志》第 25 卷第 2 册，科学出版社，1979 年，第 76-80 页；[明]朱橚著《救荒本草》，王锦秀、汤彦承译注，上海古籍出版社，2015 年，第 38 页。

　　4　中国科学院植物研究所：《中国植物志》第 25 卷第 2 册，科学出版社，1979 年，第 157-170 页；[明]朱橚著《救荒本草》，王锦秀、汤彦承译注，上海古籍出版社，2015 年，第 76 页。

的良品,木地肤、黑翅地肤、毛花地肤等也均是家畜优良的饲料。[1] 中国产虫实属 26 种和 7 变种,其中沙蓬是人类救荒食用的野菜,蒙古虫实、绳虫实、兴安虫实等均为可食用的家畜饲料。[2] 从藜科种属的功用来看,以藜属、猪毛菜属、地肤属和虫实属为代表的藜科并非是无用的杂草,而是与人类食用和动物饲养密切相关的植物资源。作为杂食动物,人类除了需要粟、黍等农作物作为主粮外,也需要其他植物作为营养的补充,而藜科部分属种的可食用性也决定了其在人类食谱和救荒中的作用。

根据从兴隆沟遗址第二地点出土的鹿骨可知,该遗址鹿应是以 C_3 类植物为主要食物,C_4 类植物消费接近 0,分析其食谱结构,此鹿应属于常见的野生鹿科。根据从该遗址出土的猪骨可知,该遗址的猪应是以 C_3 类植物为主要食物,C_4 类植物消费接近 0,分析其食谱结构,此猪应属于常见的野猪,与动物骨骼的野生判断相吻合。

白音长汗遗址和草帽山遗址人骨的 $\delta^{15}N$ 平均值均为 8.7‰以上,具有典型的杂食动物特性,并且接近肉食动物,显示出红山文化先民对于肉食资源的高比重利用。

毋庸讳言,自将碳氮稳定同位素运用到考古学研究中以来,食谱分析逐渐成为探索人类和动物生业结构的可靠手段,农业起源与传播、动物驯化与饲养方式、人群身份与等级化等多个研究

---

1 中国科学院植物研究所:《中国植物志》第 25 卷第 2 册,科学出版社,1979 年,第 99 页;〔明〕朱橚著《救荒本草》,王锦秀、汤彦承译注,上海古籍出版社,2015 年,第 71 页。

2 中国科学院植物研究所:《中国植物志》第 25 卷第 2 册,科学出版社,1979 年,第 82 页;〔明〕朱橚著,王锦秀、汤彦承译注:《救荒本草》,上海古籍出版社,2015 年,第 38 页。

课题，也取得了丰硕成果。但通过本章的分析可以预见，多数遗址中的 C_4 类植物数据并不一定仅代表对于粟、黍的利用，其他可食用的杂草、树叶、树果、藤果等植物均是需要考虑的问题。由于未对绝大部分可食用的植物进行碳氮稳定同位素测定，因此 C_3 类植物是否仅包括水稻、麦作等，C_4 类植物是不是只有粟、黍、玉米、高粱等，碳氮稳定同位素研究的快速应用可能还需要更多理论的支撑。

第五章　红山文化生产
工具的分析

　　怀特将文化系统分为三个组成部分，即技术—经济系统、社会系统和意识形态系统。技术—经济系统是文化成员应对环境的方式，也决定了文化的社会系统和意识形态。[1] 生产工具作为史前技术—经济系统的重要组成，不仅是所处社会关系的指示器，更是生业经济发展程度的重要尺度。生产工具，尤其是石质工具为研究史前农业发展提供了重视视角。首先，在没有金属工具的史前时期，石器是人们生产、生活的首选工具，不同岩石的物理和化学性质能够满足人们方方面面的需要。其次，在诸考古遗存中，石器的保存情况相对来说是较好的，那么相关信息流失得也就较少。再者，石器的使用痕迹明显，特别是磨制石器的形制较规范，还可以利用多链条的推理推断其功能，并透过器物的功能，关联其社会背景与自然条件，可了解社会多方面内容。[2] 因此，通过对石质生产工具的研究，可以从动植物以外的视角全面探索红山文

　　1　莱斯利·怀特：《文化的科学—人类与文明的研究》，沈原、黄克克等译，山东人民出版社，1988 年。

　　2　杨宽：《辽西史前磨制石器研究》，博士学位论文，吉林大学，2016 年。

化的生业结构。

一、生产工具的研究方法

陈胜前、杨宽等在亚当斯磨制石器分析方法的基础上形成了一套基本方法，即通过研究石器工具来探索古人类生活，可称之为"石器功能研究的关联方法"，主要从三个层面展开[1]：

第一个层面是指器物层面分析，包括磨制石器特征的观察与分类，使用痕迹观察和分析，磨制石器工艺设计分析。此研究主要目的是确定器物的功能范围。

在石器的功能研究中，分析石器特征有利于推理石器本身可能的功能范围，观察和分析使用痕迹可以明确石器的具体功能，而石制品的工艺设计分析，是反向推导该石制品实现其功能所必要的工具特征。磨制石器特征的观察与分类主要是对石制品特征进行分类、描述，并进行必要的统计。对于使用痕迹的分析，主要观察专属功能痕迹，当然对磨制石器衍生功能和非相关功能也应该有所留意，判断是否具有普遍衍生功能。对于工艺设计的分析，主要是论证石器特征是否满足其功能，对古代社会人类加工制作的思维方式进行基本判断。同时，在进行器物层次方面的研究时，可以与器物的生命史研究相结合。

第二层面为类比推理，即通过实验的方式来验证前面所做出的功能判断，进一步缩小工具功能判断的范围。民族考古学中的类比分析方法可为我们提供文化系统的佐证，运用类比分析法时，

---

[1] 陈胜前：《哈民忙哈遗址之石器工具》，《人类学学报》2016年第4期；杨宽：《辽西史前磨制石器研究》，博士学位论文，吉林大学，2016年。

还可以与当地传统农业生产工具的使用方式，或其他遗址考古研究成果相对比，这样可以帮助我们明确器物功能。

第三层面即背景联系分析，主要包括相关自然地理条件的分析和相关考古遗存的比较分析。通过背景联系分析，可拓展器物的关联。

这三个层面的研究层层递进，密切相关，通过不同层次的研究，不断缩小石器工具功能范围的判断。但相对来说，并不是所有遗址、所有器物都能根据陈胜前和杨宽的研究方法开展，多数研究工作仅停留在前两个层面。

二、生产工具的功能研究

出土有石质生产工具的红山文化遗址主要有：白音长汗遗址、西水泉遗址、那斯台遗址、二道梁遗址、查日斯台遗址、南台子遗址、古日古勒台遗址、哈民忙哈遗址。出土的石质生产工具包括石锄、石铲、石斧、石锛、石凿、石磨盘、石磨棒、石杵、石臼、石环、石饼、石刀、石镞、石球、石网坠、石刮削器、石敲砸器、石叶、石核等。

石锄，两面刃，打制而成，器、柄相连接的角度小于 90 度，刃部为偏锋，崩痕多见于内侧。[1] 通过对石锄的工艺设计分析、痕迹观察分析、实验对比研究，西水泉遗址出土的梯形石锄，刃部锋利，器身轻薄，可用来除草、松土。哈民忙哈遗址出土的长条状石锄，

1　陈胜前、杨宽等：《大山前遗址夏家店下层文化石铲的功能研究》，《考古》2013 年第 6 期。

器身厚窄长，横截面呈圆角菱形，其优势在于深度挖掘。[1]（图5.1）

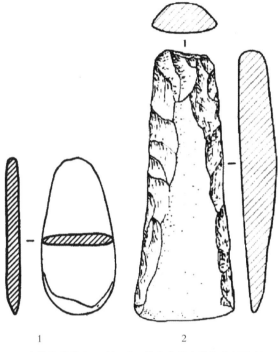

1—赤峰西水泉 F1：23；2—科左中旗哈民忙哈 F35:13

图 5.1　石锄

　　石铲，器身扁薄，整体呈长方形或三角形。石铲的形制和大小虽有差异，但皆为直插式的农具，[2] 器、柄相连接的角度约180度。由于使用方式为直上直下，因此磨损会在石铲的内外面同时进行，长期使用会形成正锋。在用石铲撬动土的同时，必然存在一个横向的剪切力，导致工具容易破损，刃部的疤痕在内外

　　1　杨宽：《辽西史前磨制石器研究》，博士学位论文，吉林大学，2016年。
　　2　陈振中：《青铜生产工具与中国奴隶制社会经济》，中国社会科学出版社，1992年，第185页。

面相对平均。[1]白音长汗、哈民忙哈、二道梁、四棱山、哈拉海沟等遗址均出土有石铲（部分报告称"石锄"）。通过实验分析可知，该类石铲的破土和挖土效果非常显著，与现今铁锹的功能类似。[2]（图5.2）

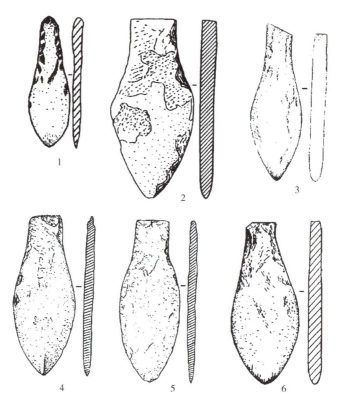

1—那斯台遗址；2—白音长汗遗址 AH65:1；

3—官家地遗址；4—烧锅地遗址；5、6—敖汉博物馆藏。

图 5.2　石铲

1　杨宽：《辽西史前磨制石器研究》，博士学位论文，吉林大学，2016年，第117页。

2　杨宽：《辽西史前磨制石器研究》，博士学位论文，吉林大学，2016年，第118页。

石斧，一种利用锋利的刃砍、劈、剁等的器具，刃部相对精细，器身相对厚重。白音长汗、水泉、二道梁、哈拉海沟、哈民忙哈等遗址均出土有丰富的石斧。不同类型的石斧可适应不同强度的砍伐工作。[1]（图 5.3）

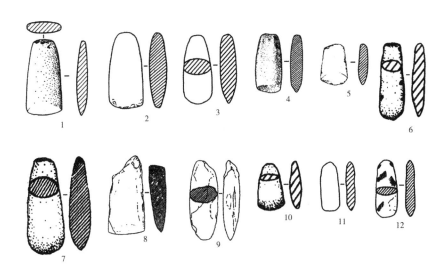

1—白音长汗遗址；2—南台子遗址；3、11、12—查日斯台遗址；4、5—牛河梁遗址；

6、7、10—那斯台遗址；8—哈民忙哈遗址；9—红山后遗址。

图 5.3　石斧

石刀，有多种使用方式，主要为切、割、砍、刺等。切的动作要求刃部锋利，并且为正锋；割的动作要求刃部锋利，并且刃部较长；砍的动作要求兼顾质量与速度；刺的动作要求刃部锋利，并且刀身较窄。[2] 二道梁 H140:3 和哈民忙哈 F22:12 石刀多为扁薄，刃

<hr />

1　杨宽：《辽西史前磨制石器研究》，博士学位论文，吉林大学，2016 年，第 118 页。

2　杨宽：《辽西史前磨制石器研究》，博士学位论文，吉林大学，2016 年，第 124 页。

部呈凸弧状，且锋利，其长度与手掌相近，符合植物遗存收割的功用。手持切割可以增加工作范围和节省力气，是比较优秀的切割工具，在今天的北方地区和云南省某些地区还偶有存在。[1] 白音长汗AT392②：1和哈民忙哈F36:1石刀可能用于砍斫和加工肉类（图5.4）。

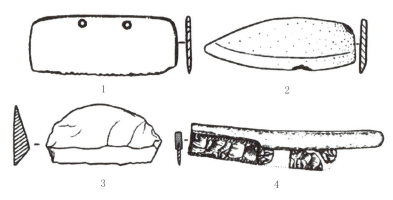

1—二道梁 H140:3；2—哈民忙哈 F22:12；

3—白音长汗 AT392②：1；4—哈民忙哈 F36:1。

图 5.4　石刀

石锛，主要是削平木料的一种工具。锛的目的是要"刨"掉一些物体表面的凸起物，使之变平。由于锛的运行轨迹呈曲线（与锄相似），刃部在入木时，会有一个"向内"的分力，而这个力对于锛的目的而言，相当于锛的一个助力，如果是正锋的话，这个水平向内的力就会被抵消（部分），相比之下，当然还是偏锋省力。白音长汗、二道梁、西水泉、四棱山、哈民忙哈等遗址均

1　尹绍亭：《远去的山火—人类学视野中的刀耕火种》，云南人民出版社，2008 年，第 103 页。

发现有石锛,不同类型的石锛适应不同强度的削整工作。[1]（图5.5）

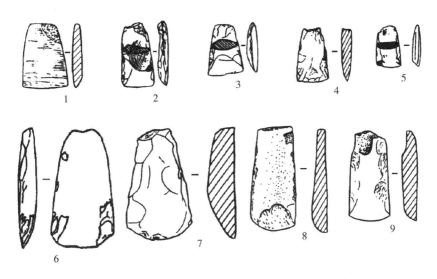

1—白音长汗遗址；2、3—红山后遗址；4、7、8、9—二道梁遗址；
5—东山嘴遗址；6—西水泉遗址。

图5.5　石锛

石凿,《说文》言:"凿,穿木也。"现代的定义为"挖槽穿孔用的工具",可知凿主要用于凿制器物的孔眼,对于石凿来讲,主要的加工对象应该是木制品。白音长汗遗址和西水泉遗址均发现有石凿。使用方式为一手持柄部,一手用锤子击打顶端,刃部借此力切入物体内,大体上与铲的运行方式比较相似,因此多设计为正锋。[2]（图5.6）

磨盘与磨棒为配套使用的工具,其工作原理是利用二者对加

1　杨宽:《辽西史前磨制石器研究》,博士学位论文,吉林大学,2016年。
2　杨宽:《辽西史前磨制石器研究》,博士学位论文,吉林大学,2016年。

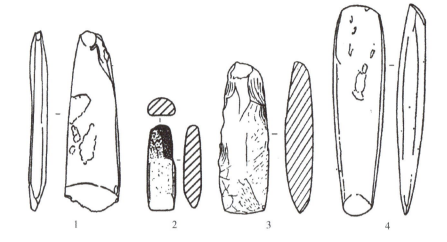

1、4—西水泉遗址；2—水泉遗址；3—二道梁遗址。

图 5.6　石凿

工对象所产生的相反摩擦力，使加工对象撕裂、破碎[1]。磨盘与磨
棒在红山文化诸遗址中多有出土。刘莉、马志坤等学者对红山文
化多个遗址进行淀粉粒研究，明确显示出磨盘、磨棒对植物资源

1—哈民忙哈 F19：20；2—哈民忙哈 F32：31。

图 5.7　磨盘、磨棒

1　杨宽：《辽西史前磨制石器研究》，博士学位论文，吉林大学，2016 年，
第 134-137 页。

加工的功能。（图 5.7）

　　石杵和石臼是配套使用的工具，其工作原理是利用重力势能加工食物。[1]对谷物进行脱壳时，不是用重力去直接捣碎每颗谷粒，而是击捣大量谷粒，造成颗粒之间的摩擦，使谷壳脱落。如果使用磨盘、磨棒，会碾碎部分谷粒，但谷壳难以分离。使用杵、臼时，由于是上下舂捣，而面粉的形成需要重力势能，因此用杵、臼加工面粉，很容易使面粉飞溅，造成更大损耗。从民族学材料看，藏族在对青稞脱壳时，即是用杵、臼进行加工的。[2]白音长汗、二道梁、哈民忙哈、老牛槽沟等遗址皆有发现石杵和石臼。（图 5.8）

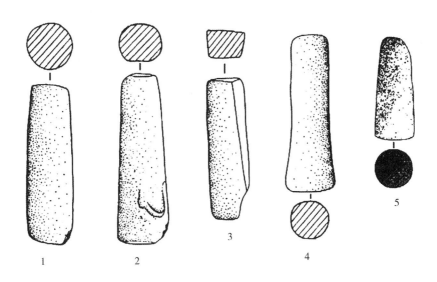

1、2、3、4—白音长汗遗址；5—哈民忙哈遗址。

图 5.8　石杵、石臼

　　1　杨宽：《辽西史前磨制石器研究》，博士学位论文，吉林大学，2016 年，第 134-135 页。

　　2　宋兆麟、冯莉：《中国远古文化》，宁波出版社，2004 年，第 228 页。

石环，即带孔圆形器。哈民忙哈遗址出土了较为典型的石环。从民族学材料来看，石环主要有武器和增加工具重量的功能。[1]杨宽等通过系统观察和比较，认为石环主要是被用来加重的，不仅可以给渔网和掘土棒加重，也可以给其他工具如食物加工工具、纺织工具等配重。（图5.9）

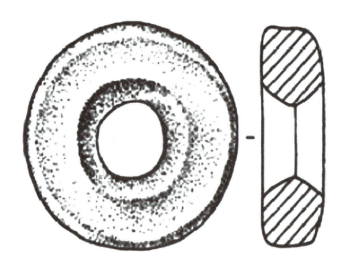

哈民忙哈 F32:49

图 5.9　石环

石饼，部分被称为石敲砸器，器型多为圆柄形，一般有两个磨面，有的石饼中间有小凹坑。白音长汗、二道梁、二道窝铺、哈民忙哈等遗址均出土有石饼。通过分析石饼的使用痕迹可知，基本是用来研磨的，从磨面细腻的程度分析，可推断出应该是将

1　宋兆麟、冯莉：《中国远古文化》，宁波出版社，2004年，第20页；宋兆麟：《古代器物溯源》，商务印书馆，2014年，第39页。

加工对象研磨成面。而一些石饼中间有凹坑，则说明它们也可以被用来敲砸，而较细长的凹槽则是有可能被当作砺石进行一些打磨工作。[1]（图 5.10）

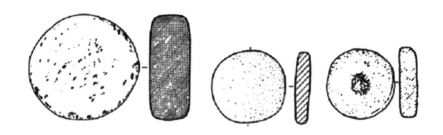

1—哈民忙哈 F7:17；2—白音长汗 BT307 ① :3；3—二道梁 T7 ① :1。

图 5.10　石饼

石镞，压制或琢制而成，均自底部向上斜收成锋。巴林右旗查日斯台嘎查 N201:61、二道梁 91ZE:163 均为三角形凹底、平底镞，二道梁 T26 ① :1 为扁四棱带铤镞。自旧石器时代晚期起，石镞便已广泛分布在各地区的遗址中。除极少数特殊用途的镞外，石镞的共同特征均为锋部尖锐，承担"突刺"的功能。基部形态的差异，反映了箭矢装备方法的不同。观察红山文化遗址出土石镞的微痕，可发现其翼刃多有轻度磨圆，凹基破损较多，符合装柄后突刺软性物质的痕迹，应为狩猎使用。（图 5.11）

1　杨宽：《辽西史前磨制石器研究》，博士学位论文，吉林大学，2016 年。

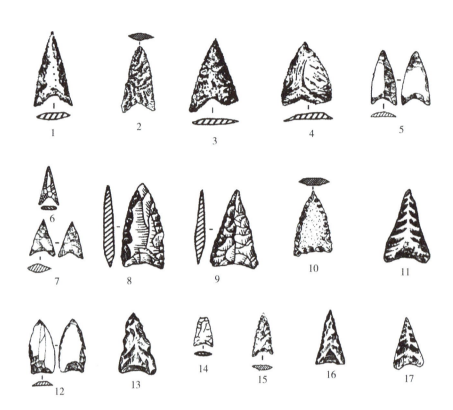

1、3、4—马架子山遗址；2、10—哈民忙哈遗址；5、7—二道梁遗址；

6—红山后遗址；8、9—康家湾遗址；11—那斯台遗址。

图 5.11　石镞

　　石网坠，均为琢制后磨制，平面形状有葫芦状和日字状，中部有束腰或凹槽，便于捆绑。古人将网坠系于鱼网之底部，可使网迅速下沉，一直沿用至今。白音长汗遗址和大沁他拉遗址均有出土石网型。（图 5.12）

　　刮削器、石叶等均是自旧石器时代以来的便利工具，多为琢制。石叶可以单独使用，也可以组合使用。使用刮削器时，为横向发力，但与作用物体之间存在"倾斜角"。红山文化时期的刮削器

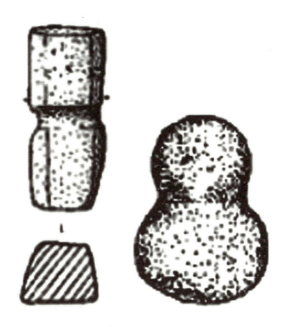

1—白音长汗 BT392 ① :1; 2—奈曼旗大沁他拉 W6:05。

图 5.12 石网坠

和石叶多存在明显的羽状疤痕,并且刃部多见轻度磨圆,有切割和剔除肉类的痕迹。虽然一器多用的现象在不同时期均广泛存在,但从实验分析可知,对于肢解动物和剥割兽皮,石刮削器的效率非常显著。[1]

三、红山文化生产工具的生业指示

关于红山文化石质生产工具的研究相对丰富,根据生产工具的功能,可以将红山文化生产工具初步分为五种类型:破土工具(石

1　张晓凌、高星、沈辰等:《虎头梁遗址尖状器功能的微痕研究》,《人类学学报》2010 年第 29 卷第 4 期。

铲、石锄）、食物加工工具（石杵、石臼、石磨盘、石磨棒、石饼、石敲砸器）、砍伐工具（石锛、石凿、石斧）、收割工具（石刀）、渔猎工具（镞、石环、石刀、石球、石叶、石网坠、石刮削器）。红山文化时期的生产工具虽然简单，但种类非常丰富，基本囊括了农业和狩猎活动的各个环节，反映了当时食物来源的多样性。从生产技术的角度讲，这应当被看作是辽西地区生业经济体系建立的标志。

为了更好地呈现辽西地区的生业结构，本文将上述五种类型的生产工具进行较为简单的归类，即渔猎工具和其他工具。当然，这种分类方式虽然简单，却无法呈现诸遗址的真实情况，但能在一定程度上显示出辽西地区先民生业经济的选择。（图5.13）

图 5.13　石器功能组合比重图

从水泉遗址、白音长汗遗址的石器功能组合看，渔猎工具始终占据红山文化石器总数的 45% 以上，显示出红山文化先民对野生动物的强化利用。从赵宝沟文化赵宝沟遗址、水泉遗址及富河文化富河沟门遗址的石器功能组合数据看，从兴隆洼文化到红山文化时期，辽西地区石器组合并未发生明显的变化，渔猎工具在石器组合中始终占据着核心，也就是说从兴隆洼到红山文化时期，辽西地区并未调整对野生动物的依赖。这种肉食策略直到青铜时代早期的夏家店下层文化才发生明显的变化，大甸子遗址的渔猎工具甚至仅占石器总数的 2.5%。结合分析动物肉食结构可知，渔猎经济已经降为辽西地区的生业补充。

　　当然，上述归类仅能简单地显示出辽西地区生业结构的延续，并不能展现不同时期生产工具的具体演变。杨宽系统分析了红山文化时期的石器，认为部分石铲已经具备了深耕土地的特点，部分石刀也具备了专业的收割能力，而推测红山文化进入精耕细作的农业阶段，现有的证据还不是很成熟[1]。

1　杨宽：《辽西史前磨制石器研究》，博士学位论文，吉林大学，2016 年。

第六章　红山文化生业经济
的综合考察

一、红山文化的生业结构

在未对红山文化进行系统的生业考古研究之前，多数学者们认为农业经济已经彻底取代采集—狩猎经济，从而成为红山文化的主导型经济部门，[1]农业的快速发展及其由此导致的人口增长，促使了红山文化晚期的繁荣，加速了红山文化社会复杂化的进程。[2]但从近年来生业考古的研究成果来看，过去的认识都需要重新考量。

经过植物考古学研究的红山文化遗址共有 13 处，以植物大遗存研究和淀粉粒研究为主。无论是绝对数量还是出土概率，农作物的占比在红山文化诸遗址的植食结构中均非常薄弱，这种植食

1　赵宾福：《东北石器时代考古》，吉林大学出版社，2003 年，第 435 页；韩茂莉：《史前时期西辽河流域聚落与环境研究》，《考古学报》2010 年第 1 期；索秀芬、李少兵：《红山文化研究》，《考古学报》2011 年第 3 期。

2　王立新：《辽西区史前社会的复杂化进程》，《吉林大学社会科学学报》2005 年第 2 期。

策略从小河西文化时期便已经存在，农业经济始终处于初始阶段。红山文化时期的农作物种类包括黍、粟、大麻、水稻，以及可能作为农作物的薏米。黍、粟的形态特征与现代种子基本一致，已经具备了成熟作物的特征，生业环境的差异促使红山文化先民可能会因地制宜地选择粟、黍这种常见农作物；水稻和薏米植硅体仅发现于白音长汗遗址，由于随后的小河沿文化和夏家店下层文化时期辽西地区并未发现有水稻的证据，尚不清楚水稻和薏米是红山文化先民种植还是从其他地方交换所得；大麻仅发现于哈民忙哈遗址，但夏家店下层文化时期也有出土大麻，说明了大麻仍是辽西地区农作物结构的重要组成部分。广谱的植食策略使红山文化先民也利用大量的野生果实类和杂草类，果实类包括蔷核和栎属，杂草类包括狗尾草属、猪毛菜属、藜属、黄芪、紫苏、野稷、马唐、大籽蒿、百合属、贝母属等，其中以藜科为代表的部分 C_4 类野生植物，也成为红山文化先民重要的植食组成部分。

经过动物考古学研究的红山文化遗址共有 6 处，包括系统分析和初步鉴定。无论是最小个体数还是可鉴定标本数，野生动物均在红山文化肉食资源中占据核心地位，哈民忙哈遗址出土的所有动物标本全部为野生动物，这种肉食策略从小河西文化时期便已经形成，畜养经济始终处于初始阶段。红山文化时期的家养动物仅有狗，尽管由于鉴定标准和地方种属特征存在差异，且红山文化诸遗址可能存在家猪，但考虑其比重和普遍性，家养动物的占比在红山文化时期肉食结构中是极其薄弱的。红山文化野生动物资源利用的种类非常丰富，包括马鹿、梅花鹿、獐、狍、野猪、斑鹿、狗獾、野兔、野牛、熊、鼠类、鸟类、鱼类、蚌类等，生业环境的差异，可能会造成红山文化先民在肉食资源获取上的差

异。红山文化先民在肉食资源的获取中普遍存在风险，其中野猪和鹿科是主要肉食资源，多数动物的屠宰和食用应是在本地进行。

关于红山文化石质生产工具的研究相对丰富，初步可以分为五种类型：破土工具（石铲、石锄）、食物加工工具（石杵、石臼、石磨盘、石磨棒、石饼、石敲砸器）、砍伐工具（石锛、石凿、石斧）、收割工具（石刀）、渔猎工具（镞、石环、石刀、石球、石叶、石网坠、石刮削器），各种类型的生产工具基本囊括了农业和狩猎活动的各个环节，反映了当时食物来源的多样性。渔猎工具在红山文化石质生产工具中始终占据核心地位，显示出红山文化先民对野生动物的强化利用。

经过碳、氮稳定同位素研究的红山文化遗址共有 4 处，研究对象包括人类骨骼和动物骨骼。从同位素数据可见，红山文化先民的食物结构以 C_4 类植物为主，C_4 类植物消费均在 80% 以上。从理论上说，红山文化先民的主食应当为粟、黍，但这种结论与动物、植物和生产工具分析结果存在明显的矛盾。综合周边区域现生杂草的稳定同位素数据可见，红山文化先民高比重的 C_4 类植物数据并不一定完全代表对于粟、黍的利用，其他可食用的杂草、树叶、树果、藤果等植物均是需要考虑的问题。

通过对红山文化植物、动物、生产工具和稳定同位素的综合研究，红山文化的生业结构自兴隆洼文化以来未发生明显的变化。在植食资源方面，红山文化先民继续以广谱的野生植物为主，但是以粟、黍为代表的旱作农业仍然占有一定比重。在肉食资源方面，野生动物依然是红山文化先民的主要选择，家养动物的利用率非常薄弱。

二、生业经济与环境因素的关系

自竺可桢开创性地利用多种证据重建全新世气候变化研究以来，[1]我国很多学者在过去的数十年内，根据不同的气候代用指标，对这一问题进行了探索，积累了相当丰富的数据。但是对于环境数据的应用，学界多倾向从考古学文化的变迁与气候环境的转变方面进行机械的对应和解读。环境的变化能够对人类的文化产生影响，而人类活动也能对环境造成一定程度的反馈，这是毋庸置疑的，但对于这种影响的具体程度，却很难进行量化和表述。[2]

将环境变化与人类社会相联系，已经成为社会复杂化或衰落的标准研究范式。无论是明确还是隐喻，这种范式很容易陷入环境决定论的陷阱，即气候变化必然会对人类社会产生影响。复杂社会的出现或衰落是一个漫长而渐进的过程，将其不切实际的简化为一个气候事件，实际上低估了环境对人类社会的塑造，以及人类对环境的适应策略。在人类没有能力明显改变环境的背景下，生业经济作为与环境因素紧密相关的人类策略，尤其在位于我国北方农牧交错带的辽西地区，不仅能够体现环境背景下的生业适应，也能够反映出环境变化背景下人类的动态策略。

辽西地区在地貌和生物资源上具有多样化的特征，地貌类型上包括山地、平原、丘陵和沙地；水系类型上包括内流水系和外流水系；植物资源包括华北植物种、东北植物种、大兴安岭植物

1　竺可桢：《中国近五千年来气候变迁的初步研究》，《考古学报》1972年第1期。

2　蒋宇超：《龙山时代北方地区的农业与社会》，博士学位论文，北京大学，2017年，第124页。

种和蒙古植物种；动物资源横跨古北界的东北区、华北区、蒙新区。基于地貌和生物资源的多样性，辽西地区的生业环境显示出明显的生态交错带特点，生态交错带是指两个或两个以上不同群落的过渡生态区，其环境因素、生物种群均处于相变的临界状态，生态系统的结构、功能及生态过程相当复杂。[1]基于生态交错区的定义、内涵和影响要素，辽西地区的生业环境具有明显的异质性的特点，也就是说，辽西地区物种的丰富程度要明显高于邻近地区，生物种群的边界互相渗透、连接和区分，具有生物多样性丰富、食物链长、种群密度大、环境边界模糊等特点。

通过对辽西地区湖泊沉积、石笋堆积、孢粉记录、沙地堆积以及河流阶地五个层面的古环境研究，无论是降水、气温还是沙漠固化，红山文化时期均是辽西地区全新世最暖湿的阶段。适宜的气候条件有力地放大了辽西地区生态多样性的优势，多样的野生资源也成为红山文化先民生业策略的稳定选择。从动、植物遗存数据可见，广谱的野生动植物遗存在红山文化生业结构中占据核心地位。值得注意的是，全新世大暖期并非仅限于红山文化阶段，末次冰后期以来，辽西地区的气候环境已经逐步向暖湿过渡，从小河西文化到红山文化阶段，辽西地区的气温始终处于一种暖湿的稳定状态，其生业环境也处于非常稳定的生态异质性。因此，从小河西文化到红山文化阶段，尽管农业种植技术和农业生产工具均发生了明显的进步，但野生资源的利用策略并没有发生明显的改变，农业和畜养经济始终处于初始阶段。

当然，对于野生资源的强化利用，并不意味着辽西地区诸遗址的生业结构明显一致。辽西地区的地貌种类繁多，动物资源分

---

1 高吉喜等：《中国生态交错带》，中国环境科学出版社，2009年。

布广泛，植物资源极其丰富，降水量自西北向东南递减，物候现象多从南向北推迟。多样的生业资源促使红山文化诸遗址在野生资源强化利用的共同策略下，形成了不同区域的微观差异。由于现有的研究材料并不丰富，关联的区域相对较少，红山文化先民在辽西地区不同区域的生业策略存在多大差异还并不清楚，但现有的研究已经呈现出相关的现象。

关于红山文化的衰落，学界已有多种讨论，也较早地关注了其气候因素。[1]新石器时代末期，辽西地区发生了气候巨变，其中4200BP的气候突变事件也被称为近5000年来最强的一次。[2]科尔沁沙地开始了新一轮的扩张。[3]岱海开始了急剧退缩，东南季风处于急剧转弱的过程。[4]公海的降水量急剧减弱。[5]红山文化末期与小河沿文化早期有共存的时间段，分析小河沿文化生业经济，一定程度上可以了解辽西地区在气候突变背景下的生业策略。

对于小河沿文化的动植物遗存，学者并未进行系统的研究。孙永刚对翁牛特旗兰坪县村遗址的 2 份样品进行了调查采样，未发现任何炭化农作物，[6]渔猎工具在石器组合中也始终占据核心地位。从

1　王苏民、冯敏：《内蒙古岱海湖泊环境变化与东南季风强弱的关系》，《中国科学 B 辑》1991 年第 7 期。

2　王绍武：《全新世气候》，《气候变化研究进展》2009 年第 5 卷第 4 期。

3　赵爽、夏敦胜、靳鹤龄等：《科尔沁沙地过去近5000年高分辨率气候演变》，《第四纪研究》2012 年第 3 期。

4　王苏民、冯敏：《内蒙古岱海湖泊环境变化与东南季风强弱的关系》，《中国科学 B 辑》1991 年第 7 期。

5　Chen FX, Xu QH, Chen JH, et al, "East Asian summer monsoon precipitation variability since the last deglaciation," *Scientific Reports* 15(2015).

6　孙永刚：《西辽河上游地区新石器时代至早期青铜时代植物遗存研究》，博士学位论文，内蒙古师范大学，2014 年。

零星的生业数据可见，面对气候的急剧变化，辽西地区先民并没有调整对野生资源的强化利用。气候的变化敏感地影响着动植物的生态体系，尽管区域位置存在生态多样性，但是这种优势在气候突变的环境背景下并没有发挥作用。辽西地区的生业环境具有明显的动态性，其景观边界具有脆弱性、敏感性等一系列动态变化。生态位的异质性使得生物群内的种间竞争替代了种内竞争，因此受到环境干扰后，生物群内的动态变化便会非常显著，并且恢复时间较长、耐受力低下。生业资源作为社会发展的基础，在资源相对充沛的社会中通常表现得并不明显，但在外部环境恶化和资源紧张的状态下，保守的生业策略便会出现生业瓶颈，成为红山文化社会衰落的动因之一。

三、生业经济与社会因素的互动关系

在人类利用和改造自然界时，生业经济的发展不仅受到环境条件的影响，其适应策略对社会因素也有明显的反馈。文化生态学认为，社会是周围环境的产物，但文化生态学并不等于传统意义上的"环境决定论"，它认为社会与环境之间是双向的互动关系，社会固然要适应环境，但也会影响环境。此外，文化生态学承认文化之间存在实质性的不同，它们是由一个社会与其环境互动的特殊适应过程造成的。[1] 因此，对于红山文化生业经济的认识，不仅要涉及该地区古环境的变迁，而且还要考虑该地区生业与社会的互动关系。

农业经济的占比虽然在红山文化先民的生业结构中较薄弱，

1　斯图尔特著《文化生态学》，潘艳、陈洪波译，《南方文物》2007年第2期。

但农业种植和生产技术已经趋于成熟。辽西地区的农业区主要集中于冲击河漫滩，土壤非常肥沃，水源也非常充足，但由于辽西地区的冲击河漫滩相对宽阔，易发生洪水和干旱，会对农业生产造成严重的负面影响。因此，高于河漫滩的中高地和冲积平原地貌成为红山文化先民应对农业危机的核心选择。此外，狩猎采集经济在红山文化先民的生业结构中占据核心地位，这种生业策略要求地貌类型丰富，生物物种资源多样，因此山地、平原和丘陵地区均是红山文化先民生业定居的重要选择。据敖汉旗的考古调查资料显示，红山文化的聚落选址在 300～900 米均有分布，不仅包括坡地，也包括山顶、台地、河岸、山洼和沙带地区。[1] 多样的生业策略和丰富的定居选择，使红山文化的聚落数据和聚落人口显著增加，为红山文化中晚期的社会繁荣作出了生业贡献。

由于狩猎采集经济在红山文化先民的生业结构中占据核心地位，因此流动型的定居成为红山文化先民的主要居住模式。这种生存策略和居住模式对家庭间的合作和互动需求较少，家庭和聚落间的生业独立性相对较强，并且需要较大距离的聚落空间，因此红山文化聚落的面积相对较小且聚落分布广泛。多样的生业资源和独立的生存策略虽然能够供应聚落的生存需要，但是却难以产生专业化的社会分工，限制了社会复杂化的发展。

现有考古资料表明，新石器时代晚期尤其是红山文化中晚期，辽西地区进入了新石器时代文化发展的最高峰。遗址数量成倍增长，庙坛冢高等级建筑群显现，种种迹象表明辽西地区已经出现了特权阶层，等级制度显现，甚至有学者认为红山文化晚期的辽

---

1 韩茂莉：《史前时期西辽河流域聚落与环境研究》，《考古学报》2010 年第 1 期。

西地区已步入了初级文明社会。[1] 但从动植物遗存数据可见，从兴隆洼文化到红山文化时期，辽西地区生业资源的利用策略并没有发生明显的变化，多元的生业资源并未对辽西地区的社会复杂化产生明显的助力，并且在一定程度上限制了红山文化遗址规模、聚落层级和专业化分工的发展。到红山文化中晚期，虽然形成了高度分化的庙坛冢建筑群、技术精湛的玉器制作，但是红山文化先民的生存策略难以为这种社会分化提供稳定的物质保障。

值得注意的是，辽西地区的空间范围非常广阔，地貌和生物资源非常多样，理论上应当存在多样化的生业经济和微观差异。但是由于已开展的田野考古和科技考古工作非常有限，并且所处地域相对集中，很难对区域间的生业差异进行深入讨论，不同区域的生业策略存在多大程度的差异还并不清楚，这在一定程度上影响了对红山文化生业经济的整体观察，限制了对红山文化社会复杂化发展的宏观认识。伴随着辽西地区考古工作的进一步开展，区域间生业差异的分析将是红山文化生业经济研究的核心突破点。

1　刘国祥：《红山文化与西辽河流域文明起源探索》，《第五届红山文化高峰论坛论文集》，辽宁大学出版社，2010 年。

参考文献

[1] 中国社会科学院考古研究所. 敖汉赵宝沟 [M]. 北京：中国大百科全书出版社, 1997.

[2] 内蒙古自治区文物考古研究所. 白音长汗—新石器时代遗址发掘报告 [M]. 北京：科学出版社, 2004.

[3] 辽宁省文物考古研究所. 牛河梁——红山文化遗址发掘报告（1983—2003 年度）[M]. 北京：文物出版社, 2012.

[4] 东亚考古学会. 赤峰红山后——热河省赤峰红山先史遗迹 [M]. 戴岳曦等译, 李俊义等校注. 呼和浩特：内蒙古大学出版社, 2015.

[5] 中国社会科学院考古研究所内蒙古工作队. 内蒙古敖汉旗兴隆洼聚落遗址 1992 年发掘简报 [J]. 考古, 1997（1）.

[6] 段天璟, 成璟瑭, 曹建恩. 红山文化聚落遗址研究的重要发现——2010 年赤峰魏家窝铺遗址考古发掘的收获与启示 [J]. 吉林大学社会科学学报, 2011（4）.

[7] 竺可桢. 中国近五千年来气候变迁的初步研究 [J]. 考古学报, 1972（1）.

[8] 蔡莲珍, 仇士华. 碳十三测定和古代食谱研究 [J]. 考古, 1984（10）.

[9]夏正楷等.西拉木伦河流域考古文化演变的地貌背景分析[J].地理学报,2000,55(3).

[10]赵志军.从兴隆沟遗址浮选结果谈中国北方旱作农业起源问题[M]//南京师范大学文博系.东亚古物:A卷.北京:文物出版社,2004.

[11]王立新.辽西区史前社会的复杂化进程[J].吉林大学社会科学学报,2005(2).

[12]杨杰.古代居民肉食结构的复原[J].考古与文物,2007(6).

[13]斯图尔特.文化生态学[J].潘艳等,译.南方文物,2007(2).

[14]罗运兵.大甸子遗址中猪的饲养与仪式使用[M]//吉林大学边疆考古研究中心.边疆考古研究:第八辑.北京:科学出版社,2009.

[15]韩茂莉.史前时期西辽河流域聚落与环境研究[J].考古学报,2010(1).

[16]农业研究课题组.中华文明形成时期的农业经济特点[A]//中国社会科学院考古研究所科技考古中心.科技考古:第三辑.北京:科学出版社,2011.

[17]陈胜前,杨宽,等.大山前遗址夏家店下层文化石铲的功能研究[J].考古,2013(6).

[18]孙永刚,赵志军,曹建恩等.内蒙古二道井子遗址2009年度浮选结果分析报告[J].农业考古,2014(6).

[19]陈胜前.哈民忙哈遗址之石器工具[J].人类学学报,2016(4).

[20]常经宇.辽西地区新石器时代晚期至青铜时代早期动物

资源的获取和利用 [J]. 干旱区资源与环境, 2021, 35 (7).

[21] 中国科学院植物研究所. 中国植物志：第 25 卷第 2 册 [M]. 北京：科学出版社, 1979.

[22] 赤峰市地方志编撰委员会. 赤峰市志 [M]. 呼和浩特：内蒙古人民出版社, 1996.

[23] 宋豫秦. 中国文明起源的人地关系简论 [M]. 北京：科学出版社, 2002.

[24] 赵宾福. 东北石器时代考古 [M]. 长春：吉林大学出版社, 2003.

[25] 赵培洁, 肖建中, 中国野菜资源学 [M]. 北京：中国环境科学出版社, 2006.

[26] [明] 朱橚. 救荒本草校注 [M]. 倪根金, 校注. 北京：中国农业出版社, 2008.

[27] 高吉喜等. 中国生态交错带 [M]. 北京：中国环境科学出版社, 2009.

[28] 赵志军. 植物考古学理论方法与实践 [M]. 北京：科学出版社, 2010.

[29] 夏正楷. 环境考古学——理论与实践 [M]. 北京：北京大学出版社, 2012.

[30] 袁靖. 中国动物考古学 [M]. 北京：文物出版社, 2015.

[31] 孙永刚. 辽西地区新石器时代植物考古研究 [M]. 上海：上海古籍出版社, 2021.

后 记

　　与红山文化的结缘纯属偶然。当年考研成绩公布后，因为志愿调剂问题而苦恼，得幸赤峰学院接纳了我，让我真正走进了这片历史悠久的土地。不同于其他区域的史前文化仅存在于考古学家构建的金字塔中，无论是城市地标还是文化符号，红山文化深深地扎根于赤峰市的文化血脉中，这也让我对红山文化产生了由衷的好奇。

　　由于导师的研究方向是植物考古，我对红山文化的理解，首先是由生业经济切入的。作为北方地区史前考古学文化的典型代表，红山文化在辽西地区史前文化发展上达到了最高峰，有学者甚至认为红山文化晚期的辽西地区已步入了初级文明社会，但是在这个位于我国北方农牧交错带的典型地区，红山文化先民是以何种生业经济承担社会复杂化的发展？在红山社会的文明化进程中发挥着怎样的作用？正是这些问题促使我对红山文化有更全面和深入的理解，并在硕士阶段初步完成了相关认识。

　　当然，这些认识还存在许多问题。从空间方面来说，相关研究的地域范围相对集中，不同区域的生业差异尚不能系统讨论；从时间方面来说，相关研究尚未区分早晚关系，不同时间的生业差异尚不能综合认识；从理论方面来说，相关研究还停留在某些材料的基础上，涉及动植物遗存获取和加工等较复杂的研究也不能由此展开。正是由于这些问题的存在，我对红山文化生业经济的认识还非常浅薄，有待于更深入的研究。

最后，感谢孙永刚老师能够让我独立参与"红山文化考古发现与研究一百年"丛书的撰写工作，在书稿编写过程中，感谢红山文化研究院诸位老师给予的帮助。希望今后可以继续参与红山文化的相关研究，为辽西地区的考古事业贡献自己的微薄力量。

常经宇